O guia essencial do vinho: Wine Folly

A VIDA É MUITO CURTA PARA SE BEBER VINHO RUIM.

—Autor desconhecido

O guia essencial do vinho: Wine Folly

MADELINE PUCKETTE E JUSTIN HAMMACK

TRADUÇÃO DE LUCAS CORDEIRO E RENATO FERREIRA PIRES

Copyright © 2015 by Wine Folly LLC

Todos os direitos reservados, incluindo o direito de reprodução integral ou parcial em qualquer formato. Edição publicada mediante acordo com Avery, um selo do Peguin Publishing Group, uma divisão da Penguin Random House, LLC.

TÍTULO ORIGINAL

Wine Folly: The Essential Guide to Wine

REVISÃO

Beatriz D'Oliveira

PROJETO GRÁFICO E DESIGN DE CAPA

Madeline Puckette

DIAGRAMAÇÃO E ADAPTAÇÃO DE CAPA

Julio Moreira | Equatorium Design

CIP-BRASIL. CATALOGAÇÃO NA PUBLICAÇÃO
SINDICATO NACIONAL DOS EDITORES DE LIVROS, RJ

P973g

    Puckette, Madeline

     O guia essencial do vinho: Wine Folly / Madeline Puckette, Justin Hammack ; tradução Lucas Cordeiro de Souza, Renato Ferreira Pires. - 1. ed. - Rio de Janeiro : Intrínseca, 2016.

    240 p. : il. ; 24 cm.

    Tradução de: *Wine Folly: the essential guide to wine*
    Inclui índice
    ISBN 978-85-510-0024-3

    1. Vinho e vinificação. 2. Vinho - Degustação. I. Hammack, Justin. II. Título.

16-35659

CDD: 641.22

CDU: 641.87:663.2

[2016]
Todos os direitos desta edição reservados à
EDITORA INTRÍNSECA LTDA.
Av. das Américas, 500, bloco 12, sala 303
22640-904 – Barra da Tijuca
Rio de Janeiro – RJ
Tel./Fax: (21) 3206-7400
www.intrinseca.com.br

Sumário

Introdução	6
Nota dos tradutores	8

FUNDAMENTOS

Noções básicas	12
Degustação do vinho	22
Manuseio do vinho	32
Harmonização de alimentos e vinhos	40

ESTILOS DE VINHO

Estilos de vinho	50
Espumante	54
Vinho branco leve	64
Vinho branco encorpado	80
Vinho branco aromático	90
Vinho rosé	102
Vinho tinto leve	106
Vinho tinto de médio corpo	112
Vinho tinto encorpado	140
Vinho de sobremesa	168

REGIÕES PRODUTORAS DE VINHOS

Regiões produtoras do mundo	186
África do Sul	188
Alemanha	190
Argentina	192
Austrália	194
Áustria	198
Chile	200
Espanha	202
Estados Unidos	204
França	212
Itália	220
Nova Zelândia	224
Portugal	226

Glossário	228
Índice	231
Referências e agradecimentos	239

INTRODUÇÃO

Você gosta de vinho? Quer aprender um pouco mais a respeito? Este livro é para todas as pessoas que procuram um manual simples para encarar o desafio de entrar nesse mundo. Estas páginas contêm conhecimentos práticos que vão auxiliá-lo a escolher e apreciar um bom vinho.

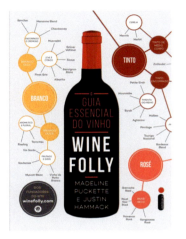

Este manual é propositalmente pequeno. Trata-se de uma referência visual feita para todos que apreciam os vinhos. Nos próximos capítulos você encontrará:

> › Fundamentos básicos
> › Como degustar, manusear e conservar o vinho
> › Um compêndio de 55 diferentes variedades de vinho
> › 20 mapas detalhados de regiões produtoras

Quer saber mais? Acesse:
http://winefolly.com/book

> › Centenas de artigos
> › Vídeos de passo a passo
> › Informações aprofundadas
> › Pôsteres com guias e mapas

Acesse os muitos recursos gratuitos on-line do Wine Folly. O site tem centenas de milhares de assinantes e é utilizado tanto por consumidores quanto por profissionais do vinho. Conteúdo em inglês.

POR QUE APRENDER SOBRE VINHOS

Talvez você queira guardar vinhos valiosos e deliciosos. Ou talvez queira consultar com mais segurança a carta de vinhos de um restaurante. O aprendizado começa quando percebemos que o mundo dos vinhos é muito maior do que pensamos:

Há mais de mil variedades de vinhos a escolher...

Há milhares de regiões produtoras com vinhos excepcionais...

Todos os dias, em média, 600 novos rótulos são lançados...

Felizmente, o vinho não é tão complicado quando se tem conhecimento. Uma boa base de dados levará você a compras mais embasadas e a uma apreciação mais prazerosa.

O DESAFIO

Complete os desafios abaixo e você ganhará confiança para escolher e degustar os vinhos.

Deguste pelo menos 34 dos 55 vinhos incluídos neste livro (mas não todos ao mesmo tempo!). **Capriche nas anotações** de suas degustações (pág. 31).

Experimente pelo menos um vinho de cada um dos **12 países detalhados neste livro** (pág. 186-227).

Aprenda a reconhecer às cegas (pág. 22-31) seu vinho varietal favorito.

NOTA DOS TRADUTORES

Além do cuidado em fazer uma tradução correta, empreendemos nossos esforços para utilizar uma linguagem o mais simplificada possível. Dessa maneira, evitando os excessos de tecnicismos comuns a muitos textos sobre o assunto, nosso intuito foi facilitar o acesso do leitor ao mundo do vinho.

Abrimos mão, por exemplo, de palavras como "casta" ou "cepa" em favor de "uva" ou "variedade". Também optamos por manter "blend" no lugar da tradução literal, que seria "corte". Tal estratégia explica a manutenção de "Bordeaux Blend" em vez de "Corte Bordalês", para estender o conceito a todo blend baseado em Cabernet Sauvignon e Merlot, sem limitá-lo ao blend das três uvas básicas — Cabernet Sauvignon, Cabernet Franc e Merlot —, sugerido pela expressão clássica em português.

Preferimos também o não uso da gradação de açúcar segundo as leis brasileiras, uma vez que o livro foi todo concebido de acordo com a legislação americana, e assim respeitamos a expressão dos autores. Para deixar o registro acerca das diferenças da legislação brasileira, a gradação de açúcar em nosso país se dá da seguinte forma:

Para vinhos tranquilos:
Seco — até 4 g de glicose por litro;
Demi-sec ou meio seco — de 4 g a 25 g de glicose por litro;
Suave ou doce — de 25 g a 80 g de glicose por litro.

Para espumantes:
Nature — até 3 g de glicose por litro;
Extra-brut — de 3 a 8 g de glicose por litro;
Brut — de 8 a 15 g de glicose por litro;
Seco — de 15 a 20 g de glicose por litro;
Demi-sec — de 20 a 60 g de glicose por litro;
Doce — acima de 60 g de glicose por litro.

Optamos também por uma transcrição fonética mais simplificada, com o objetivo de aproximar ao máximo a pronúncia e facilitar o entendimento do leitor.

E, embora tenhamos selecionado faixas de preço em reais para os vinhos, com base em valores médios, sabemos que, face a eventuais períodos de instabilidade econômica tanto nacional quanto estrangeira, qualquer variação de câmbio ou de outros fatores econômicos pode defasar aos poucos esse referencial. Ainda assim, optamos pelos preços em reais em respeito às particularidades do mercado brasileiro. O espumante Lambrusco, por exemplo, é mais acessível no Brasil do que nos Estados Unidos. Por outro lado, o Grenache tem um preço muito mais vantajoso na América do Norte do que aqui.

Por fim, vemos neste livro uma excelente oportunidade de levar a cultura do vinho a um maior número de interessados, por conta de sua linguagem ágil, prática e simplificada. Esperamos que nossa tradução tenha contribuído para manter o caráter precioso desta obra.

LUCAS CORDEIRO E RENATO FERREIRA PIRES

Fundamentos

Noções básicas

O QUE É VINHO — Definição de vinho, variedades de uva, regiões e o que há dentro de uma garrafa de vinho.

FATOS SOBRE AS GARRAFAS DE VINHO — Degustação, sulfitos, tamanho das garrafas e como as garrafas são rotuladas.

CARACTERÍSTICAS BÁSICAS DO VINHO — As cinco características básicas do vinho: teor alcoólico, acidez, taninos, doçura e corpo.

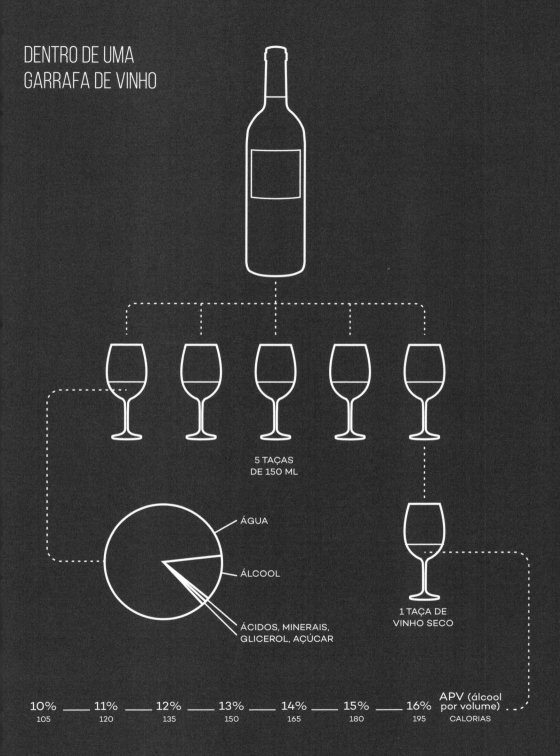

O QUE É VINHO?

Vinho é uma bebida alcoólica produzida a partir da fermentação de uvas. Tecnicamente, pode ser feito a partir de qualquer fruta, mas a maioria é produzida com uvas viníferas.

Uvas viníferas são diferentes das uvas de mesa. São muito menores, sempre têm sementes, além de serem mais doces.

A **videira** dá frutos uma vez por ano. A colheita no hemisfério Norte é entre agosto e outubro, enquanto no hemisfério Sul é entre janeiro e março.

A **safra** do vinho se refere ao ano em que as uvas foram colhidas. Vinhos não safrados [non-vintage = NV] são misturas de diversas safras.

Um **vinho varietal** é produzido com apenas uma variedade de uva (ex.: Pinot Noir, pág. 110).

Um **blend** é produzido a partir da mistura de diversos vinhos (ex.: Bordeaux blend, pág. 144).

O **clima temperado** é o ideal para o desenvolvimento das uvas. Na América do Sul, por exemplo, as uvas são colhidas do sul da Argentina e do Chile ao sul do Brasil.

Regiões de **clima mais frio** costumam originar vinhos com sabor mais ácido.

Regiões com **clima mais quente** tendem a originar vinhos com sabor mais maturado.

FATOS SOBRE AS GARRAFAS DE VINHO

DEGUSTAÇÃO

🍷 TAMANHO-PADRÃO DA GARRAFA
Uma garrafa de tamanho-padrão com 750 ml serve cinco taças.

🍷 DOSE-PADRÃO DE VINHO
Uma dose-padrão contém 150 ml, tem em média 150 calorias e até 2 g de carboidratos.

♡ BEBER COM CONSCIÊNCIA
O Instituto Nacional do Câncer dos Estados Unidos recomenda que mulheres consumam não mais que uma taça ao dia e homens, no máximo duas.

🍷 UMA TAÇA AO DIA
Se beber uma taça de vinho todas as noites durante a vida adulta, você consumirá mais de quatro mil garrafas de vinho.

Uma garrafa de vinho contém o mosto fermentado de uvas *Vitis vinifera*. Além do mosto fermentado, também encontramos uma pequena quantidade de dióxido de enxofre (sulfitos) adicionada como conservante.

FATOS SOBRE SULFITOS

Uma em cada cem pessoas pode ser sensível a sulfitos. Nos Estados Unidos, por exemplo, onde as vinícolas são obrigadas a indicar nos rótulos caso a garrafa contenha mais de 10 ppm (partes por milhão), os vinhos não podem conter mais de 350 ppm de sulfitos, e os vinhos orgânicos não mais que 100 ppm. Em comparação, uma lata de refrigerante de cola contém 350 ppm de sulfitos, uma porção de batata frita, 1.900 ppm, e de fruta seca, aproximadamente 3.500 ppm.*

TAMANHO DAS GARRAFAS

* No Brasil, os sulfitos podem aparecer nos contrarrótulos indicados também como "conservador INS 220". (N. do E.)

TRÊS EXEMPLOS DE RÓTULOS DE VINHO

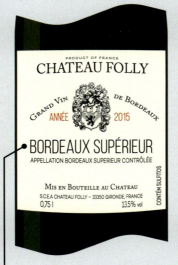

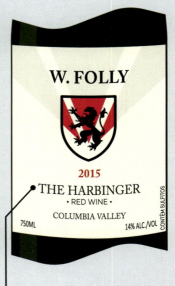

POR VARIEDADE

Vinhos podem ser rotulados pela variedade da uva. Este vinho alemão tem o nome da da uva — Riesling — listado no rótulo. Cada país requer um percentual mínimo de determinada variedade da uva no vinho para que o nome dela possa constar no rótulo.

- **75%** ESTADOS UNIDOS, CHILE, BRASIL
- **80%** ARGENTINA
- **85%** ITÁLIA, FRANÇA, ALEMANHA, ÁUSTRIA, PORTUGAL, NOVA ZELÂNDIA, ÁFRICA DO SUL, AUSTRÁLIA

POR REGIÃO

Vinhos podem ser rotulados por região. Este vinho francês está rotulado como "Bordeaux Supérieur". Se pesquisar sobre Bordeaux, descobrirá que nessa região são cultivadas principalmente as uvas Merlot e Cabernet Sauvignon, e os vinhos resultantes dessas uvas são misturados para formar os blends. Vinhos rotulados por região são comuns nos países:

- FRANÇA
- ITÁLIA
- ESPANHA
- PORTUGAL

POR NOME

Vinhos podem ser rotulados por um nome próprio. É mais comum que estes vinhos sejam blends de algumas variedades de uvas e exclusivos de um determinado produtor. De vez em quando vinhos varietais são rotulados com nomes próprios, com o objetivo de diferenciá-los dos vinhos de outros produtores.

O GUIA ESSENCIAL DO VINHO   WINE FOLLY

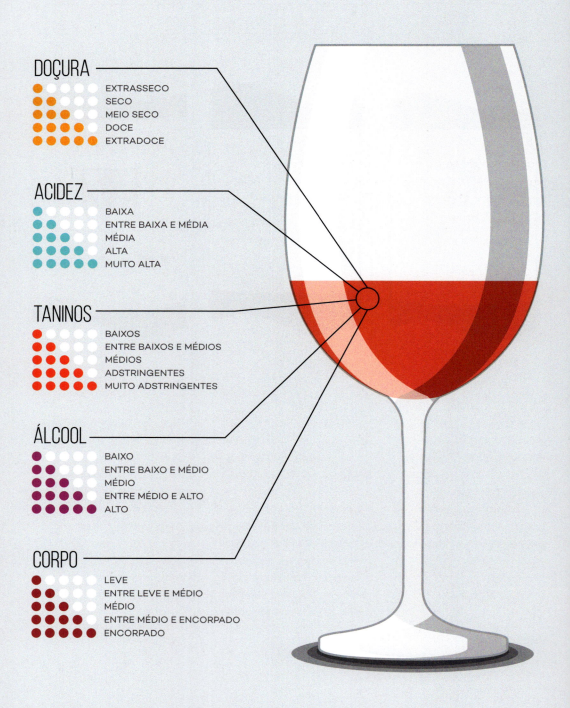

DOÇURA
- EXTRASSECO
- SECO
- MEIO SECO
- DOCE
- EXTRADOCE

ACIDEZ
- BAIXA
- ENTRE BAIXA E MÉDIA
- MÉDIA
- ALTA
- MUITO ALTA

TANINOS
- BAIXOS
- ENTRE BAIXOS E MÉDIOS
- MÉDIOS
- ADSTRINGENTES
- MUITO ADSTRINGENTES

ÁLCOOL
- BAIXO
- ENTRE BAIXO E MÉDIO
- MÉDIO
- ENTRE MÉDIO E ALTO
- ALTO

CORPO
- LEVE
- ENTRE LEVE E MÉDIO
- MÉDIO
- ENTRE MÉDIO E ENCORPADO
- ENCORPADO

CARACTERÍSTICAS BÁSICAS DO VINHO

Existem cinco características que definem o perfil do vinho: doçura, acidez, taninos, álcool e corpo.

DOÇURA

A doçura resulta do açúcar residual (AR) contido no vinho. O açúcar residual é a sobra dos açúcares do mosto que não foram convertidos em álcool pelas leveduras durante a fermentação.

ACIDEZ MENOR   ACIDEZ MAIOR

PERCEPÇÃO DE DOÇURA: Mesmo com um nível igual de doçura, vinhos com baixa acidez parecem mais doces que vinhos com alta acidez.

Descrevemos a doçura como um gosto que pode variar de extrasseco a extradoce. É importante saber que um vinho tecnicamente seco pode conter até meia colher de chá de açúcar por taça. Veja a tabela abaixo com o vocabulário padronizado para descrever a doçura.

NÍVEIS DE DOÇURA

O nível de doçura em vinhos tranquilos (não espumantes) pode acrescentar a seguinte quantidade de calorias a cada taça de 150 ml:

EXTRASSECO	SECO	MEIO SECO	DOCE	EXTRADOCE
●○○○○	●●○○○	●●●○○	●●●●○	●●●●●
0 cal	0-6 cal	10-21 cal	21-72 cal	72-130 cal
menos de 1 g/L AR	1-10 g/L AR	17-37 g/L AR	35-120 g/L AR	120-220 g/L AR

Abaixo, veja o nível de doçura em espumantes representado em colheres de chá de açúcar e em quantidade de calorias a cada 150 ml:

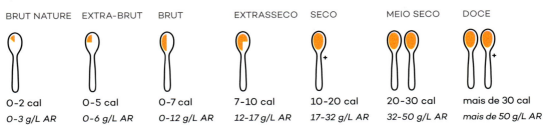

FAIXA DE ACIDEZ DO VINHO:
O pH do vinho vai de 2,5 a 4,5. Um vinho com pH 3 tem dez vezes mais acidez que um vinho de pH 4.

TANINOS DA UVA: O tanino vem das cascas, das sementes e do caule. É amargo e adstringente, mas contém alto nível de antioxidantes.

TANINOS DA BARRICA: Barricas de carvalho novas transmitem mais taninos para o vinho do que as usadas.

ACIDEZ

Os ácidos são os principais atributos que contribuem para o que chamamos de sabor azedo do vinho. A maioria dos ácidos do vinho vem da uva, incluindo o tartárico, o málico e o cítrico. Assim como muitas frutas, o vinho se encontra no lado ácido da escala de pH, na faixa entre 2,5 e 4,5 (7 é o ponto neutro).

Algo muito importante que precisamos saber sobre a acidez do vinho é que as uvas tornam-se menos ácidas conforme amadurecem. Assim, regiões de clima frio, onde o amadurecimento das uvas é mais difícil, produzem vinhos com maior acidez.

TANINOS

Os taninos são polifenóis, substâncias naturais encontradas nas plantas. São comuns nos vinhos tintos, uma vez que os brancos são fermentados sem as cascas. Taninos não são necessariamente um sabor, mas uma sensação de adstringência (ressecamento) no paladar.

Os taninos têm duas fontes: a própria uva (cascas e sementes) e as barricas novas de madeira.

Para reconhecer os taninos no vinho, observe a textura de sua língua. Um vinho com muitos taninos precipita as proteínas da saliva, causando uma sensação de secura e enrugamento. Essa sensação é frequentemente descrita como "adstringência". Vinhos com muitos taninos agem como limpadores de paladar para pratos com carnes gordurosas e substanciosas, queijos e massas. É por isso que frequentemente são servidos durante as refeições.

ÁLCOOL

O álcool no vinho vem da conversão do açúcar — contido no mosto — em etanol pelas leveduras. Também é possível adicioná-lo à bebida, em um processo chamado de fortificação.

O álcool desempenha um papel importante em relação aos aromas dos vinhos. É o veículo que transporta os aromas do vinho até o nariz. O álcool também adiciona viscosidade ao corpo do vinho. É possível sentir o álcool na parte de trás da garganta como uma sensação de ardor.

Um vinho "quente": O nível de álcool é comumente descrito usando-se termos relacionados à temperatura, porque é assim que o sentimos na garganta. Um vinho "quente" tem um alto nível de álcool.

BAIXO	ENTRE BAIXO E MÉDIO	MÉDIO	ENTRE MÉDIO E ALTO	ALTO
●○○○○	●●○○○	●●●○○	●●●●○	●●●●●
Abaixo de 10% APV	10-11,5% APV	11,5-13,5% APV	13,5%-15% APV	Acima de 15% APV

CORPO

Corpo não é um termo científico, mas uma categorização de estilo que se classifica de leve a encorpado. Cada uma das quatro características — doçura, acidez, taninos e álcool — pode determinar quão leve ou encorpado será o gosto do vinho.

DICA: Imagine a diferença entre vinhos leves e encorpados como a diferença entre leite desnatado e integral.

VINHOS LEVES
MAIOR ACIDEZ
MENOS ÁLCOOL
MENOS TANINOS
MENOS DOÇURA

VINHOS ENCORPADOS
MENOR ACIDEZ
MAIS ÁLCOOL
MAIS TANINOS
MAIS DOÇURA

Você pode usar termos como "vinho leve" ou "vinho encorpado" para descrever o estilo de vinho que quer beber.

Degustação do vinho

COMO DEGUSTAR: OLHAR

COMO DEGUSTAR: CHEIRAR

COMO DEGUSTAR: PROVAR

COMO DEGUSTAR: CONCLUIR

O método de degustar o vinho em quatro passos é uma técnica profissional cujo maior foco é a habilidade do degustador em separar e identificar características-chave do vinho e aprimorar na memória sabores e aromas.

COMO DEGUSTAR O VINHO

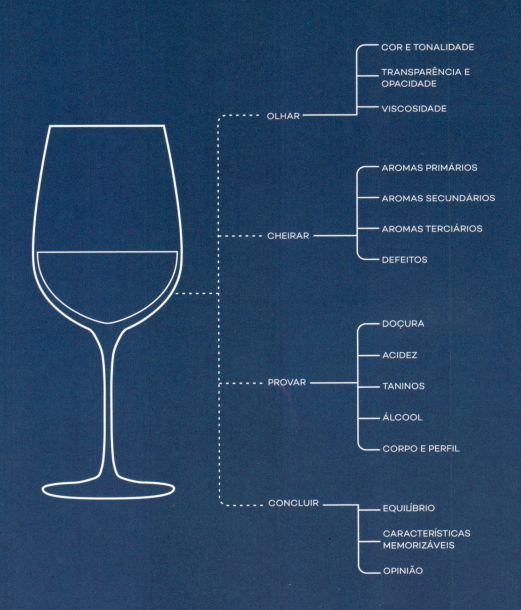

COMO DEGUSTAR: OLHAR

Os quatro passos da degustação do vinho são: **olhar**, **cheirar**, **provar** e **concluir**.

COMO DEGUSTAR: OLHAR

A cor do vinho é um assunto cientificamente complexo. Felizmente um degustador experiente pode aprender a identificar pistas sobre o vinho apenas inspecionando a cor, a intensidade, a opacidade e a viscosidade.

Para degustar, coloque na taça 75 ml do vinho. Visualize o vinho sob luz natural contra um fundo branco, como um guardanapo ou uma folha de papel.

INSPECIONAR: Incline a taça sobre um fundo branco e inspecione a cor, a intensidade e a tonalidade da borda do líquido.

GIRAR: Gire o vinho para ver sua viscosidade. Vinhos viscosos têm maior teor alcoólico e/ou mais açúcar residual.

COR: Devemos olhar a cor de um vinho e compará-la com a de exemplares semelhantes, não com a de qualquer um. Desta maneira veremos como eles se diferenciam em termos de variedade da uva e método de produção.

INTENSIDADE: Observe o vinho da borda até o meio. Você verá pequenas diferenças na cor e na transparência do vinho ocasionadas por diversos fatores, como a variedade da uva, o método de produção e a idade.

LÁGRIMAS DO VINHO: As "pernas" ou "lágrimas" são um fenômeno chamado efeito Marangoni, causado pela tensão superficial do líquido. "Lágrimas" que escorrem lentamente indicam um nível elevado de álcool, o que não significa maior qualidade.

A COR DO VINHO

CLARO: VINHOS SEM ESTÁGIO EM CARVALHO E DE REGIÕES DE CLIMA FRIO

MATIZADO: DE ESVERDEADO A LEVEMENTE DOURADO

DOURADO INTENSO: VINHOS COM ESTÁGIO EM CARVALHO E DE COLHEITA TARDIA

AMARELO-PÁLIDO: Vinhos brancos quase transparentes e que refletem a luz geralmente são jovens e sem estágio em carvalho.

AMARELO-ESVERDEADO: Diversos vinhos brancos apresentam tons esverdeados, como por exemplo Grüner Veltliner e Sauvignon Blanc.

DOURADO INTENSO: O envelhecimento em carvalho geralmente garante ao vinho branco um dourado intenso devido à oxidação natural que ocorre no processo.

VERMELHO-CLARO: MENOS PIGMENTOS

VERMELHO INTENSO: ACIDEZ ELEVADA

VERMELHO-VIOLETA: ACIDEZ BAIXA

VERMELHO-CLARO: Vinhos tintos claros contêm menos antocianinas (pigmentos avermelhados). Pinot Noir, Gamay, Grenache, e Zinfandel são naturalmente mais claros.

RUBI: Vinhos com tonalidade rubi tradicionalmente possuem acidez mais alta que os de tonalidade vermelho-violeta. Merlot, Sangiovese, Tempranillo e Nebbiolo costumam ter a cor rubi.

PÚRPURA-ESCURO: Vinhos tintos opacos contêm mais pigmentos. Aglianico, Malbec, Mourvèdre, Petite Sirah, Syrah e Touriga Nacional contêm mais antocianinas.

COMO DEGUSTAR: CHEIRAR

CHEIRAR: Segure sua taça um pouco abaixo do nariz e aspire uma vez, para "preparar" o nariz. Então, gire a taça e aspire novamente. Desta vez faça-o por mais tempo e mais devagar, mas com a mesma delicadeza. Alterne entre aspirar e tirar conclusões.

AROMAS: Posicione o nariz em diferentes partes em torno da borda da taça. Aromas ricamente frutados são encontrados geralmente na borda inferior, e os aromas florais e de ésteres voláteis podem ser encontrados na borda superior.

APRENDA A GIRAR: Girar o vinho libera seus compostos aromáticos.

OLFATO SOBRECARREGADO? Neutralize seu olfato cheirando o antebraço.

PERFUME: Evite usar essências fortes quando estiver degustando vinhos.

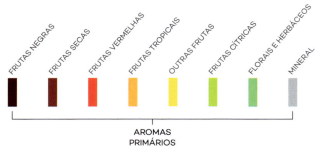

AROMAS PRIMÁRIOS: Os aromas primários vêm das uvas. Cada variedade tem sua faixa de aromas possíveis. Por exemplo, um Sauvignon Blanc em geral apresenta aromas de groselheira ou de grama recém-cortada. A faixa de aromas primários depende dos fatores climáticos de onde o vinho foi produzido e de por quanto tempo ele amadureceu.

AROMAS SECUNDÁRIOS: Os aromas secundários vêm da elaboração do vinho, mais especificamente das reações causadas por leveduras e bactérias.
Por exemplo, o aroma amanteigado encontrado no Chardonnay é proveniente de uma bactéria específica.

AROMAS TERCIÁRIOS: Os aromas terciários vêm do envelhecimento e da interação controlada com o oxigênio. Por exemplo, o aroma de nozes de um Champagne vintage (safrado) ou de um Xerez vem dos anos de envelhecimento.

DEFEITOS DO VINHO: Alguns aromas, na verdade, são defeitos. É importante aprendermos sobre eles para diferenciar um vinho em boas condições de outro que não está.

COMO IDENTIFICAR OS DEFEITOS DO VINHO

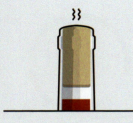

Bouchonné
ou contaminação por TCA (2,4,6 – tricloroanisol)

Vinhos com esse defeito apresentam cheiro forte de papelão úmido, cachorro molhado e mofo de adega. Algumas vezes, no entanto, um vinho *bouchonné* simplesmente não tem aromas e exala um sutil cheiro de mofo. Não se preocupe, você pode devolver vinhos com defeito.

Reduzido
ou com mercaptanas, compostos de enxofre

Vinhos reduzidos apresentam cheiro de alho cozido e repolho. Isso acontece quando a bebida não recebe oxigênio na garrafa. A aeração pode melhorar o cheiro, ou você pode mexer seu vinho com uma colher de prata.

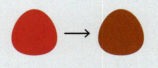

Oxidado
ou "madeirizado"

Vinhos oxidados não apresentam os aromas normais e têm coloração amarronzada, semelhante a uma maçã envelhecida. Os tintos ficam com gosto seco e amargo devido à interação dos fenóis (ex.: taninos) com o oxigênio. Os brancos geralmente têm um odor semelhante a cidra de maçã.

Danos por radiação UV
ou "excesso de luz"

Acontece quando os vinhos ficam expostos à luz por muito tempo, seja natural (do sol) ou artificial (elétrica), podendo causar redução. Para evitar esse defeito, acomode seus vinhos no escuro e evite garrafas expostas em prateleiras.

Danos pelo calor
ou "cozido", "madeirizado"

Vinhos começam a deteriorar a 27,5°C e cozinham a 32°C. Vinhos cozidos podem apresentar aromas agradáveis como caramelo e frutas cozidas, mas terão gosto único do começo ao fim. O calor também causa o escurecimento do vinho.

Presença de gás
(em vinhos tranquilos)

De vez em quando, vinhos sofrem uma nova fermentação na garrafa. Podemos identificar esse defeito facilmente ao observar a presença de gás em um vinho tranquilo. Esses vinhos geralmente são um pouco turvos devido às leveduras e às partículas de proteínas.

COMO DEGUSTAR: PROVAR

PROVE: Dê um grande gole e faça com que o vinho passe por todas as partes da boca. Em seguida, dê vários outros pequenos goles para isolar e identificar os sabores.

Tente identificar ao menos três sabores de frutas e mais outros três sabores, um de cada vez.

DICA: Em degustações profissionais, é mais comum cuspir o vinho.

IDENTIFIQUE: Onde as características básicas do vinho atingirão seu paladar?

A doçura está na frente.

A acidez faz a boca salivar.

Os taninos causam uma sensação textural de secura na boca, como ao comer banana verde.

O álcool aparece em forma de calor no fundo da garganta.

TRACE O PERFIL: Agora que você degustou, crie um perfil mental (ou escrito) do vinho. Tente categorizar os sabores e os aromas. Por exemplo, se sentir gosto de baunilha, possivelmente é devido ao carvalho.

DICA: Você pode cruzar referências da seção de estilos de vinhos deste livro para obter ideias sobre como categorizar aromas.

O VINHO ENVOLVE SEU PALADAR

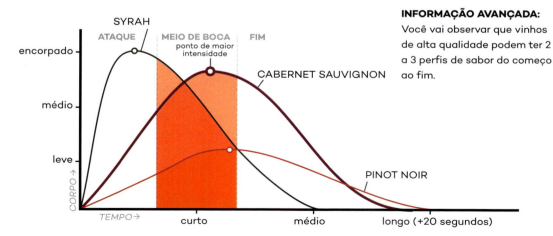

INFORMAÇÃO AVANÇADA: Você vai observar que vinhos de alta qualidade podem ter 2 a 3 perfis de sabor do começo ao fim.

PREFERÊNCIAS DE PALADAR TÊM ORIGEM GENÉTICA

Quantas papilas gustativas há em sua língua em um círculo com seis milímetros de diâmetro?

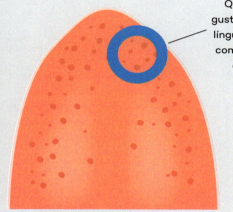
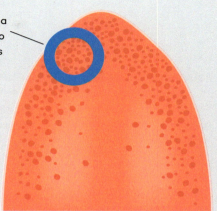

NÃO SENSÍVEL | HIPERSENSÍVEL

Não sensível
10 – 25% das pessoas

Menos de 15 papilas gustativas. Você suporta alimentos picantes e adora sabores mais ricos e ousados. Amargor não o incomoda porque você não o sente. Você está preparado para beber os vinhos mais intensos do mundo.

Degustador médio
50-75% das pessoas

15-30 papilas gustativas. Você pode sentir o amargor, como o dos taninos, mas não vai sofrer nem fazer careta. Tem condições de apreciar a maioria dos vinhos. Aperfeiçoe o paladar degustando sem pressa e ficando atento às nuances.

Hipersensível
"Superdegustador": 10-25% das pessoas

Mais de 30 papilas gustativas. Tudo tem um sabor intenso: salgado, doce, azedo, gorduroso e amargor. Você não é fã de amargor. Mas, por outro lado, sua sensibilidade faz de você um degustador mais consciente. Seu aprendizado é voltado para vinhos mais sutis e delicados.

FATO: Asiáticos, africanos e sul-americanos têm um percentual maior de superdegustadores do que os caucasianos.

FATO: A chance de mulheres serem superdegustadoras é mais de duas vezes maior que entre os homens.

IDEIA: A forma mais eficaz de aperfeiçoar sua capacidade de degustar é passar mais tempo cheirando e identificando aromas.

COMO DEGUSTAR: CONCLUIR

blerg   ok   bom   última refeição

EQUILÍBRIO: Agora que já degustou o vinho, você pode avaliá-lo. Todas as características da bebida estão em equilíbrio?

DICA: Vinhos em desequilíbrio têm características que se sobrepõem a outros sabores. Um bom exemplo seria a predominância de um excessivo sabor ácido.

APRIMORE A MEMÓRIA: Observe algumas características do vinho e grave-as na memória:

- Características ou sabores específicos da variedade de uva.
- Sabores ou características únicas de uma determinada região, safra ou produtor.

OPINIÃO: Identifique o que o leva a gostar mais de um rótulo do que de outro. Será mais fácil para comunicar suas preferências ao procurar novos vinhos.

No Wine Folly, usamos um sistema simples de avaliação com quatro pontos, com foco na *drinkability* (termo para quão agradável é a bebida). Um vinho excelente, chamado de "última refeição", é aquele tão gostoso que você morreria feliz depois de degustá-lo.

DEGUSTAÇÃO ÀS CEGAS

Pratique degustação às cegas com seus amigos. Peça que cada um leve uma garrafa de vinho em uma sacola, ou envolta em papel-alumínio. Sirva doses de degustação dos vinhos e promova uma discussão sobre as características de cada um.

DICA: É mais fácil começar a degustação às cegas com vinhos varietais. Depois passe para os blends.

DICA: Faça sua degustação em espaços bem iluminados para melhorar a avaliação visual.

IDEIAS PARA DEGUSTAÇÃO

COMPARAÇÃO REGIONAL: Prove a mesma variedade de uva procedente de diversas regiões para constatar a influência da geografia no sabor.

COMPARAÇÃO DE SAFRA: Encontre uma série de safras de um mesmo vinho e de um mesmo produtor para aprender como o vinho muda de um ano para outro.

COMPARAÇÃO DE QUALIDADE: Coloque na mesa vinhos similares com preços diferentes para verificar a variação de qualidade.

COMO CRIAR NOTAS ÚTEIS DE DEGUSTAÇÃO

DUNN VINEYARDS CAB. HOWELL MTN. 2002, DEGUSTADO EM 2009 C/ J & D

RUBI-ESCURO C/ BORDA TONS GRANADA. MUITO BRILHANTE, VISCOSIDADE MODERADA C/ MARCAS DE LÁGRIMAS.

AROMAS MARCANTES. GROSELHA, AMEIXA, PIMENTÃO, SÁLVIA, UM TOQUE MINERAL, CEDRO E ALCAÇUZ. ENVOLTO EM NOTAS DE CHÁ-MONTÊS.

NO PALADAR, MOSTROU-SE MAIS LEVE QUE O ESPERADO. ACIDEZ MÉDIA, TANINOS MODERADOS E FINOS. SABOR DE CEREJA, CHÁ-MALTÊS E BIFE MALPASSADO. FINAL DOCE E DEFUMADO.

BEBEMOS NO EQUINÓCIO. SERÁ QUE ISSO TEM ALGUMA INFLUÊNCIA? O GARÇOM ESMAGOU A CÁPSULA. FOI INCRÍVEL.

O QUE DEGUSTOU/BEBEU
Produtor, região, variedade, safra e qualquer outra designação especial.

QUANDO DEGUSTOU
O vinho muda conforme envelhece.

SUA OPINIÃO
É o que mais importa.

O QUE VOCÊ VIU
Ajudará a identificar atributos importantes.

QUAIS AROMAS SENTIU
Seja específico.

DICA: Tente listar os sabores mais óbvios primeiro. Isso ajuda a criar uma hierarquia de importância.

QUAIS SABORES PERCEBEU
Como boa parte do paladar se deve ao nariz, adicione aqui observações estruturais e aromas diferentes que você não identificou ao cheirar.

O QUE VOCÊ FEZ
Porque o vinho é uma experiência.

FICHAS DE DEGUSTAÇÃO
Disponíveis on-line:
http://winefolly.com/tutorial/wine-placemats/

Manuseio do vinho

AS TAÇAS — Diferentes tipos de taça e dicas para escolher a mais adequada a cada ocasião.

O SERVIÇO — Como abrir e aerar vinhos tranquilos e espumantes.

A TEMPERATURA — A melhor temperatura para servir.

A GUARDA — Dicas para guardar vinhos a curto e a longo prazo.

AS TAÇAS

Existem muitas taças diferentes disponíveis no mercado. Aqui estão alguns pontos relevantes a fim de ajudá-lo a escolher a mais apropriada.

Segure a taça pela haste, próximo à base.

Taças sem chumbo podem ser limpas em lava-louças.

Taças de cristal de chumbo contêm de 1% a 30% de óxido de chumbo. Os cristais finos contêm ao menos 24%. Cristais com chumbo não oferecem perigo, a menos que fiquem em contato com o vinho por muitos dias.

Quer comprar taças de vinho? Adquira pelo menos dois modelos de taça mais adequados aos seus hábitos de consumo.

Com haste ou sem haste? A haste não afeta o aroma nem o gosto.

CRISTAL *VERSUS* VIDRO

As taças de cristal refratam a luz devido à presença de minerais. Os minerais também fortalecem o cristal, permitindo que as taças sejam bem finas. Tradicionalmente, taças de cristal contêm chumbo, mas hoje é possível encontrar várias opções feitas com magnésio e zinco. A maioria das taças de cristal sem chumbo pode ser lavada em lava-louças. As taças com chumbo, no entanto, são porosas e devem ser lavadas manualmente com sabão neutro.
O vidro é tecnicamente mais frágil que o cristal, mas as taças de vidro têm a parede mais grossa para torná-las mais duráveis. Taças de vidro podem ir para o lava-louça.

COMO O FORMATO AFETA O GOSTO

O bojo da taça afeta a intensidade do aroma, enquanto a borda determina a quantidade de vinho que atinge seu paladar.

 IDEAL PARA VINHOS DELICADOS E AROMÁTICOS

 IDEAL PARA VINHOS PICANTES E ENCORPADOS

O bojo largo libera mais aromas ao proporcionar uma exposição maior do vinho ao oxigênio.

O bojo estreito libera menos aroma, pois tem uma superfície menor de exposição.

ESCOLHENDO A TAÇA

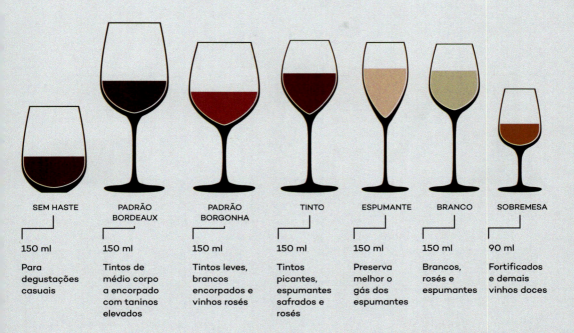

SEM HASTE	PADRÃO BORDEAUX	PADRÃO BORGONHA	TINTO	ESPUMANTE	BRANCO	SOBREMESA
150 ml	150 ml	150 ml	150 ml	150 ml	150 ml	90 ml
Para degustações casuais	Tintos de médio corpo a encorpado com taninos elevados	Tintos leves, brancos encorpados e vinhos rosés	Tintos picantes, espumantes safrados e rosés	Preserva melhor o gás dos espumantes	Brancos, rosés e espumantes	Fortificados e demais vinhos doces

O SERVIÇO

Os fundamentos para abrir, dosar, servir e decantar o vinho:

ABRIR VINHOS TRANQUILOS

REMOVA A CÁPSULA: Tanto faz cortar a cápsula abaixo ou acima da coroa, embora o mais comum seja cortar na parte de baixo.

A ESPIRAL: Insira a espiral ligeiramente fora do centro e gire o saca-rolha até que a espiral atravesse 95% da rolha. Puxe-o lentamente para reduzir a chance de quebrar a rolha.

DOSE-PADRÃO: A dose-padrão de vinho vai de 150 a 180 ml. Vinhos secos têm entre 130 e 175 calorias por taça, dependendo do teor alcoólico.

ABRIR ESPUMANTES

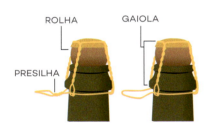

A GAIOLA: Remova a cápsula, posicione o polegar sobre a rolha e a gaiola — pois elas sairão juntas — e gire a presilha seis vezes para soltar a gaiola.

GIRAR: Com uma das mãos segurando firme a rolha e a gaiola, gire a garrafa pela base com a outra mão.

SOLTAR: Quando sentir que a rolha está sendo expelida, segure-a com firmeza, soltando-a lentamente. Mantenha a garrafa inclinada por um ou dois segundos após remover a rolha.

AERAR O VINHO PARA MELHORAR O SABOR

O processo de aeração introduz oxigênio no vinho. Esse simples passo oxida compostos de aromas desagradáveis em aromas menos detectáveis. Também reduz a concentração de certos ácidos e taninos, deixando o paladar do vinho mais macio. Resumindo, é mágico.

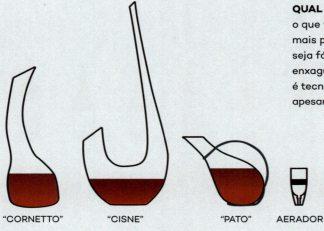

"CORNETTO"   "CISNE"   "PATO"   AERADOR   PADRÃO

QUAL DECÂNTER? Escolha o que você mais gostar. É mais prático escolher um que seja fácil de encher, servir e enxaguar. O aerador de vinho é tecnicamente mais eficaz, apesar de não ser tão imponente.

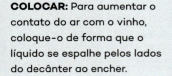

O QUE AERAR: Todos os tintos podem ser aerados. Um vinho aerado não deve ser mantido aberto por muito tempo. Então, realize o procedimento somente com a quantidade que pretende beber.

COLOCAR: Para aumentar o contato do ar com o vinho, coloque-o de forma que o líquido se espalhe pelos lados do decânter ao encher.

TEMPO DE ESPERA: Quanto mais encorpado o vinho, mais tempo se deve esperar. De 15 a 30 minutos é um bom começo.

DICA: Aroma de enxofre? Não se preocupe, não são sulfitos. É apenas um sinal de que o vinho está "reduzido" (ver Defeitos do Vinho na página 27). Aerar o vinho vai melhorar os aromas, assim como mexer o vinho com uma colher de prata.

A TEMPERATURA

TEMPERATURA DE SERVIÇO

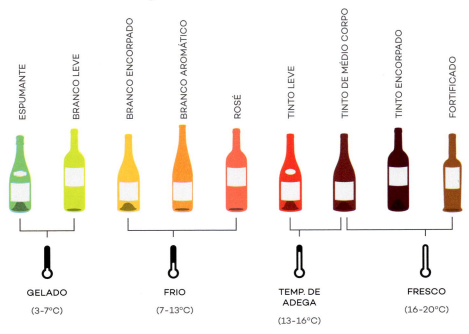

É importante lembrar que vinhos servidos frescos, de 16°C a 20°C, estarão abaixo da temperatura ambiente da maioria das casas.

MUITO FRIO: Seu vinho provavelmente está muito frio se sentir falta dos aromas e do sabor ácido ao degustar. É um problema muito comum em vinhos brancos mantidos na geladeira. Cubra a taça com as mãos para aumentar a temperatura do vinho.

MUITO QUENTE: Seu vinho provavelmente está muito quente se o aroma arder em seu nariz e você sentir aromas medicinais. Um problema recorrente em vinhos tintos com alto teor alcoólico que foram mantidos em temperatura ambiente elevada. Resfrie a garrafa por 15 minutos.

A GUARDA

GUARDAR VINHOS ABERTOS

O vinho se deteriora rapidamente quando exposto ao oxigênio ou à temperatura ambiente. Portanto, guarde o vinho em uma adega com temperatura entre 10ºC e 13ºC. Se não tiver adega, guarde o vinho aberto na geladeira e o retire uma hora antes de servi-lo.

ROLHA A VÁCUO

Colocar a rolha novamente no vinho corta a entrada de oxigênio, mas não retira o que já está lá dentro. Conservadores de vinho, como bombas a vácuo ou gás argônio, preservam suas propriedades por mais tempo.

1-3 DIAS
1 SEMANA
3-5 DIAS
1 SEMANA
1 SEMANA
3-5 DIAS
3-5 DIAS
3-5 DIAS
1 MÊS

VINHO PARA ENVELHECER

A temperatura ideal para a guarda é de 10ºC a 13ºC, com 75% de umidade.

Vinhos envelhecem quatro vezes mais rápido quando deixados na despensa ou no armário. Garrafas mantidas em ambientes com variação de temperatura também estão mais propensas a desenvolver defeitos. Portanto, se for guardar o vinho por mais de um ano, considere comprar uma adega ou busque alguma outra solução em relação à guarda do vinho.

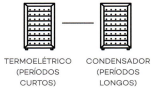

TERMOELÉTRICO (PERÍODOS CURTOS)   CONDENSADOR (PERÍODOS LONGOS)

Existem dois tipos de adega eletrônica: com sistema termoelétrico ou de condensador. Adegas termoelétricas têm flutuações de temperatura, mas são menos barulhentas. As de condensador fazem mais ruído e requerem manutenções periódicas, mas mantêm a temperatura constante.

✗ 28ºC — O vinho cozinha
⚠ 21ºC — Entra na zona de perigo
✓ 10-13ºC — Faixa ideal de temperatura
⚠ 8ºC — Entra na zona de perigo
✗ 0ºC — O vinho congela

Harmonização de alimentos e vinhos

TEORIA DA HARMONIZAÇÃO DE SABORES

HARMONIZAÇÃO COM QUEIJOS

HARMONIZAÇÃO COM CARNES

HARMONIZAÇÃO COM VEGETAIS E FUNGOS

HARMONIZAÇÃO COM ERVAS E ESPECIARIAS

A harmonização com alimentos é a arte de criar uniões adequadas ao considerar fatores como gosto, textura, aroma e intensidade. Aprender sobre a harmonização com alimentos abre uma nova gama de vinhos para explorar e apreciar.

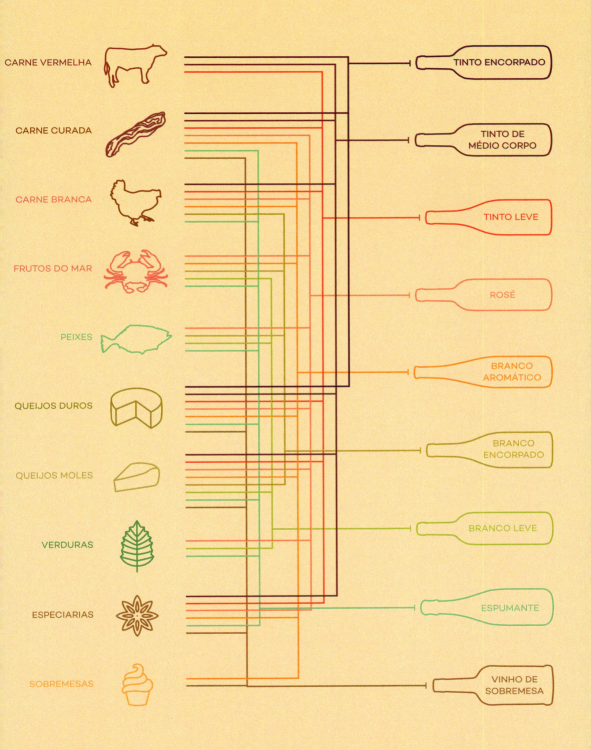

TEORIA DA HARMONIZAÇÃO DE SABORES

Harmonizar sabores é a prática de encontrar combinações entre alimentos, levando em conta gosto, aroma, textura, cor, temperatura e intensidade.

MUITOS COMPONENTES COMPARTILHADOS

POUCOS COMPONENTES COMPARTILHADOS

SEMELHANÇA *VERSUS* CONTRASTE

Os sabores se harmonizam por semelhança ou contraste. Na harmonização por semelhança, há muitos componentes compartilhados que combinam entre si e se intensificam. A harmonização por contraste utiliza componentes que se opõem para criar um equilíbrio.

Você pode criar combinações maravilhosas ao empregar itens semelhantes para amplificar a harmonia dos sabores, ou contrastantes para neutralizar a discordância dos sabores.

DICAS PARA HARMONIZAR ALIMENTOS E VINHOS

ALIMENTOS ÁCIDOS: Alimentos com acidez elevada fazem os vinhos de baixa acidez ficarem sem graça. Harmonize alimentos e vinhos com acidez elevada.

ALIMENTOS PUNGENTES: Alimentos de sabores intensos, como queijo gorgonzola, harmonizam com vinhos de acidez e doçura elevadas.

ALIMENTOS UNTUOSOS: Um vinho tinto com muitos taninos age limpando o paladar ao ingerir alimentos ricos em proteínas gordurosas.

ALIMENTOS AMARGOS: Alimentos amargos intensificam o amargor dos taninos. Tente harmonizar alimentos amargos com vinhos de baixo ou nenhum tanino, que contenham doçura ou alguma salinidade.

ALIMENTOS PICANTES: Um vinho doce com baixo teor alcoólico vai neutralizar a ardência das comidas apimentadas.

ALIMENTOS DOCES: Alimentos doces geralmente dão aos vinhos secos um gosto amargo. Tente harmonizar alimentos doces com um vinho doce.

CONSIDERAÇÕES SOBRE HARMONIZAÇÃO DE VINHO

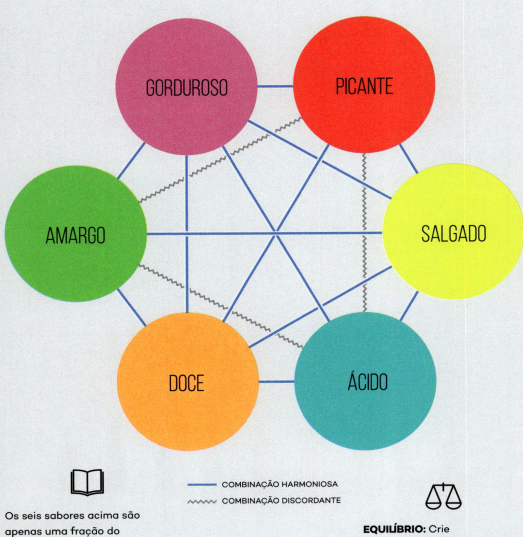

— COMBINAÇÃO HARMONIOSA
∿∿ COMBINAÇÃO DISCORDANTE

Os seis sabores acima são apenas uma fração do que os humanos sentem. Outras sensações incluem efervescência, umami (carne), dormência, formigamento, untuosidade, cálcio e refrescância (mentol).

EQUILÍBRIO: Crie harmonizações equilibradas ao combinar a intensidade do vinho com a intensidade dos alimentos.

HARMONIZAÇÃO COM QUEIJO

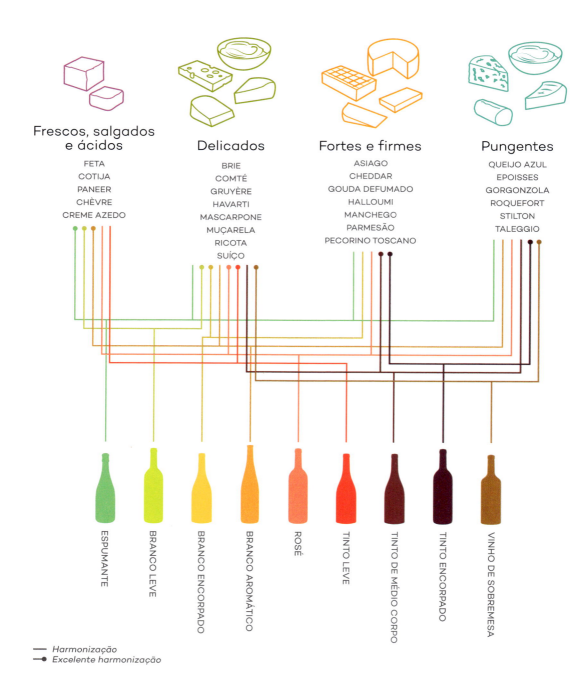

HARMONIZAÇÃO COM CARNE

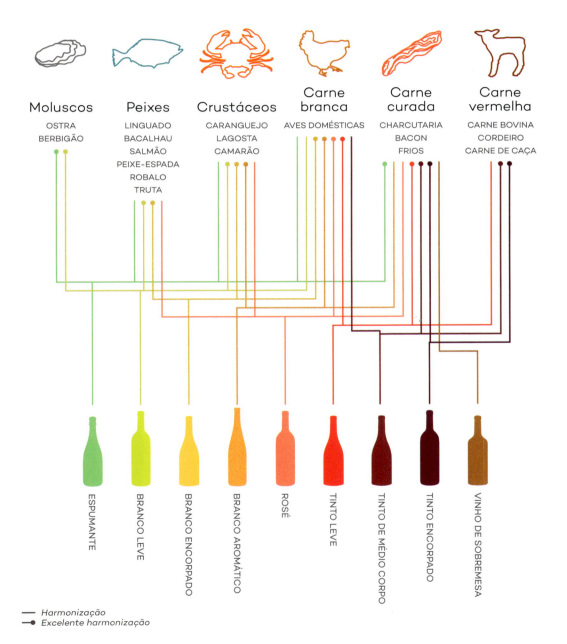

HARMONIZAÇÃO COM VEGETAIS E FUNGOS

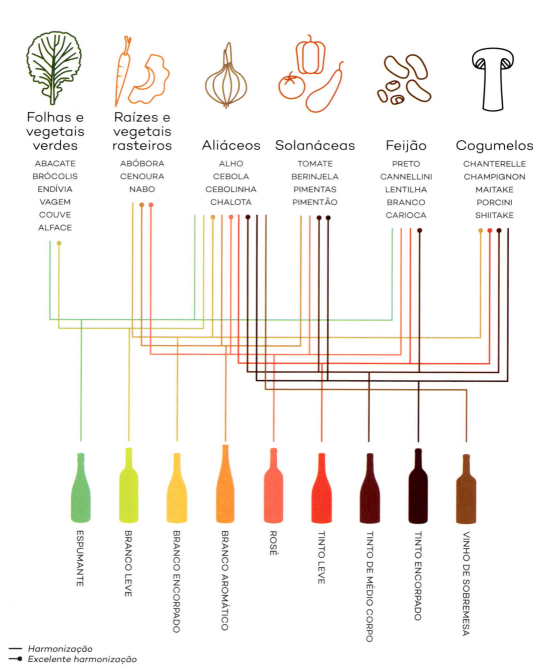

HARMONIZAÇÃO COM ERVAS E ESPECIARIAS

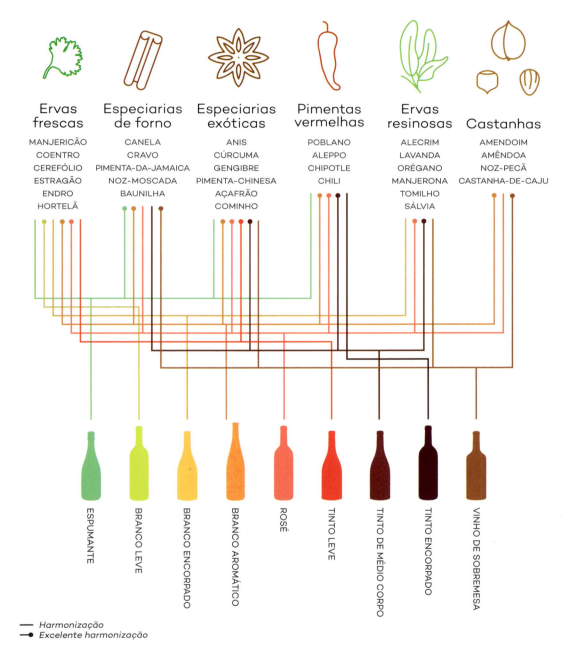

Estilos de vinho

Estilos de vinho

ESPUMANTE

VINHO BRANCO LEVE

VINHO BRANCO ENCORPADO

VINHO BRANCO AROMÁTICO

VINHO ROSÉ

VINHO TINTO LEVE

VINHO TINTO DE MÉDIO CORPO

VINHO TINTO ENCORPADO

VINHO DE SOBREMESA

Os vinhos neste livro estão organizados do mais leve ao mais encorpado. Esse método de categorização foi elaborado para ajudá-lo a identificar rapidamente o gosto do vinho, sem a necessidade de degustá-lo. Pode ser que você encontre um vinho que não se enquadre neste método, mas será uma exceção à regra.

DETALHES DA SEÇÃO

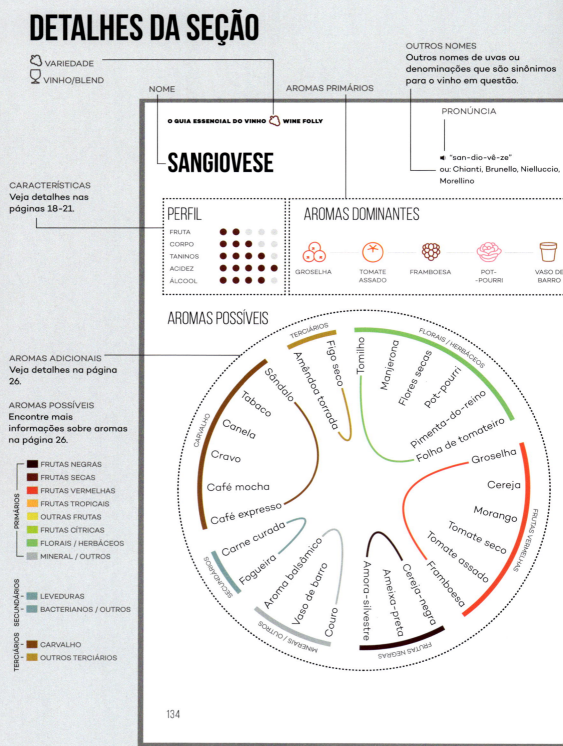

- VARIEDADE
- VINHO/BLEND
- NOME
- AROMAS PRIMÁRIOS
- OUTROS NOMES: Outros nomes de uvas ou denominações que são sinônimos para o vinho em questão.
- PRONÚNCIA

CARACTERÍSTICAS
Veja detalhes nas páginas 18-21.

AROMAS ADICIONAIS
Veja detalhes na página 26.

AROMAS POSSÍVEIS
Encontre mais informações sobre aromas na página 26.

PRIMÁRIOS:
- FRUTAS NEGRAS
- FRUTAS SECAS
- FRUTAS VERMELHAS
- FRUTAS TROPICAIS
- OUTRAS FRUTAS
- FRUTAS CÍTRICAS
- FLORAIS / HERBÁCEOS
- MINERAL / OUTROS

SECUNDÁRIOS:
- LEVEDURAS
- BACTERIANOS / OUTROS

TERCIÁRIOS:
- CARVALHO
- OUTROS TERCIÁRIOS

O GUIA ESSENCIAL DO VINHO — WINE FOLLY

SANGIOVESE

"san-dio-vê-ze"
ou: Chianti, Brunello, Nielluccio, Morellino

PERFIL
- FRUTA
- CORPO
- TANINOS
- ACIDEZ
- ÁLCOOL

AROMAS DOMINANTES
GROSELHA · TOMATE ASSADO · FRAMBOESA · POT-POURRI · VASO DE BARRO

AROMAS POSSÍVEIS

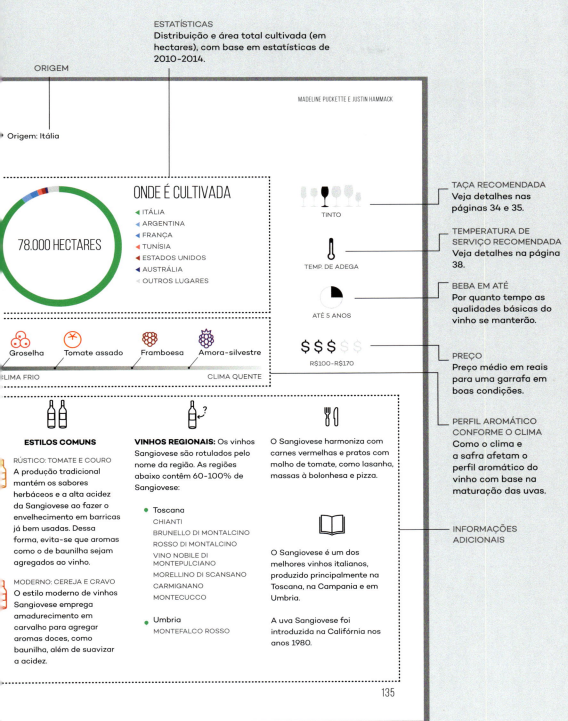

Espumante

CAVA

CHAMPAGNE

LAMBRUSCO

PROSECCO

O vinho espumante é carbonatado pela fermentação com leveduras em um recipiente hermético. Os dois métodos mais comuns de fabricação de espumante são chamados de "tradicional" e "charmat". Produzidos no mundo todo, os espumantes geralmente seguem os mesmos processos de fabricação e contam com as mesmas variedades de uvas da região de Champagne.

DIFERENTES MÉTODOS DE FABRICAÇÃO DE ESPUMANTE

MÉTODO CHARMAT

EXEMPLOS: Prosecco, Lambrusco.

PERLAGE (bolhas): Tamanho médio, ligeiras e com pressão de 2-4 atmosferas.

MÉTODO TRADICIONAL

EXEMPLOS: Champagne, Cava, Crémant, US sparkling wine, Metodo Classico (Itália), Cap Classique (África do Sul).

PERLAGE: Pequenas, persistentes e com pressão de 6-7 atmosferas.

CAVA

🔊 "cá-va"
🛢 Método tradicional

PERFIL

FRUTA
CORPO
SECO
ACIDEZ
ÁLCOOL

AROMAS DOMINANTES

MARMELO — LIMÃO — MAÇÃ GOLDEN — PERA — AMÊNDOA

AROMAS POSSÍVEIS

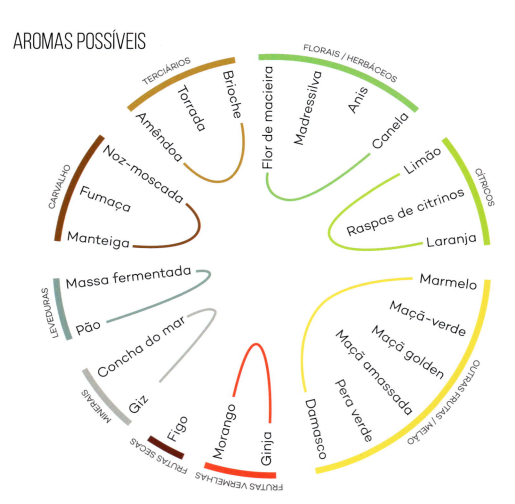

TERCIÁRIOS: Brioche, Torrada, Amêndoa, Noz-moscada

CARVALHO: Fumaça, Manteiga

LEVEDURAS: Massa fermentada, Pão

MINERAIS: Concha do mar, Giz

FRUTAS SECAS: Figo

FRUTAS VERMELHAS: Morango, Ginja

OUTRAS FRUTAS / MELÃO: Damasco, Pera verde, Maçã amassada, Maçã golden, Maçã-verde, Marmelo

CÍTRICOS: Laranja, Raspas de citrinos, Limão

FLORAIS / HERBÁCEOS: Canela, Anis, Madressilva, Flor de macieira

MADELINE PUCKETTE E JUSTIN HAMMACK

● Origem: Espanha

32.000 HECTARES

ONDE É PRODUZIDO
◂ PENEDÈS, ESPANHA
◂ OUTROS LUGARES NA ESPANHA

ESPUMANTE

GELADO

ATÉ 2 ANOS

$ $ $ $ $
R$60-R$100

Marmelo — Limão-siciliano — Laranja — Damasco

SAFRA FRIA — SAFRA QUENTE

UVAS CAVA: Há 3 uvas primárias de Cava:

 MACABEO
(Ou Viura, Macabeu) acrescenta aroma floral, de damasco e de bagas.

 XARELLO
Adiciona acidez.

PARELLADA
Acrescenta aromas de marmelo, maçã e cítricos.

NÍVEIS DE QUALIDADE: Há 3 níveis de qualidade, indicados por um adesivo ou gargantilha na garrafa.

CAVA (STANDARD)
Mínimo de 9 meses de envelhecimento.

RESERVA
Mínimo de 15 meses de envelhecimento.

GRAN RESERVA
Mínimo de 30 meses de envelhecimento e indicação da safra.

O Cava é versátil para harmonizar com alimentos devido ao seu efeito de limpeza do paladar. Sirva-o com chili, *huevos rancheros*, nachos, tacos e *hushpuppies*.

Cava DO (Denominação de Origem) é a única classificação de vinho espanhol por estilo de vinho e não por região. Mesmo que 95% da produção esteja na região de Penedès.

CHAMPAGNE

🔊 "cham-pa-nhe"
🍾 Método tradicional

PERFIL

FRUTA ●●●○○
CORPO ●●○○○
EXTRASSECO ●●○○○
ACIDEZ ●●●●○
ÁLCOOL ●●●○○

AROMAS DOMINANTES

CÍTRICO — PÊSSEGO — CEREJA-GALEGA — AMÊNDOA — TORRADA

AROMAS POSSÍVEIS

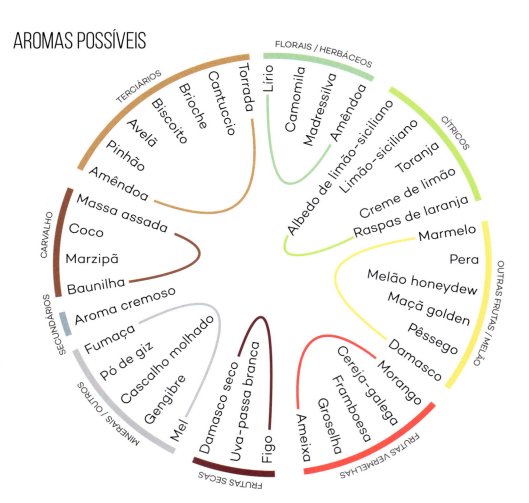

MADELINE PUCKETTE E JUSTIN HAMMACK

📍 Origem: Champagne, França

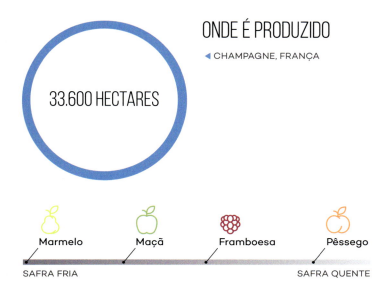

FLUTE OU BRANCO

GELADO

ATÉ 10 ANOS

+ R$250

UVAS: A região de Champagne produz tanto vinhos brancos quanto rosés, utilizando apenas 3 uvas:

PINOT NOIR
Adiciona aromas de laranja e frutas vermelhas.

PINOT MEUNIER
Acrescenta riqueza e aromas de maçã golden.

CHARDONNAY
Adiciona aromas cítricos e de marzipã.

ESTILOS COMUNS

NÃO SAFRADOS
Mantêm o estilo da casa de forma consistente.

BLANC DE BLANCS
100% de Chardonnay.

BLANC DE NOIRS
Brancos elaborados com P. Noir e P. Meunier.

ROSÉ
Espumantes rosés com aromas de frutas vermelhas.

VINTAGE E CUVÉE ESPECIAL
Champagnes safrados.

Os Champagnes não safrados amadurecem por no mínimo 15 meses.

Os safrados amadurecem por no mínimo 36 meses.

Os Champagnes Cuvée Especial amadurecem em média de 6 ou 7 anos para desenvolver aromas terciários, como os de nozes.

Mais de 90% dos Champagnes são produzidos no estilo Brut — com menos de 0,5 g de açúcar por taça.

O GUIA ESSENCIAL DO VINHO — WINE FOLLY

LAMBRUSCO

🔊 "lam-brús-co"
🛢 Método Charmat

PERFIL

FRUTA	●●●○
CORPO	●●○○
MEIO SECO	●●○○
ACIDEZ	●●●○
ÁLCOOL	●○○○

AROMAS DOMINANTES

MORANGO — CEREJA — BOYSENBERRY — RUIBARBO — HIBISCO

AROMAS POSSÍVEIS

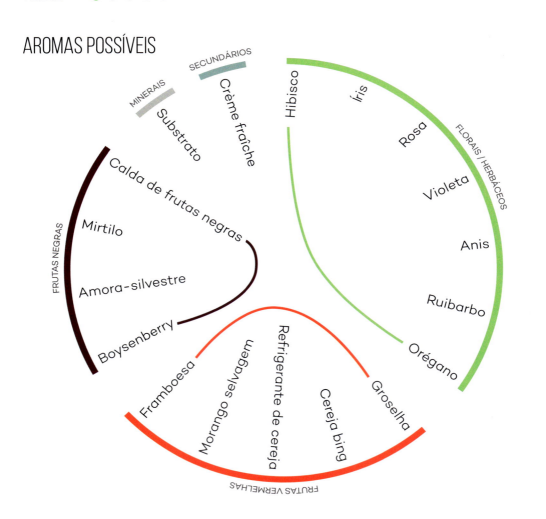

60

📍 Origem: norte da Itália

12.400 HECTARES

ONDE É PRODUZIDO
◀ EMILIA-ROMAGNA E LOMBARDIA, ITÁLIA

BRANCO OU TINTO

FRIO

ATÉ 2 ANOS

$ $ $ $ $
R$30-R$60

Ruibarbo | Morango selvagem | Geleia de cereja | Amora-silvestre

SAFRA FRIA — SAFRA QUENTE

NÍVEIS DE DOÇURA

LAMBRUSCO SECO
Se quiser um estilo seco, procure a palavra "Secco" no rótulo.

LAMBRUSCO MEIO SECO
A palavra "Semisecco" indica um estilo meio seco.

LAMBRUSCO DOCE
As palavras "Dolce" e "Amabile" correspondem a um estilo doce.

ESTILOS COMUNS

FRUTAS VERMELHAS E FLORES
Um estilo mais leve com estes estilos/variedades:
LAMBRUSCO DI SORBARA
LAMBRUSCO ROSATO (ROSÉ)

FRUTAS NEGRAS E SUBSTRATO
Um estilo mais encorpado com estas variedades:
LAMBRUSCO GRASPAROSSA
LAMBRUSCO SALAMINO DI SANTA CROCE
LAMBRUSCO REGGIANO

Vinhos Lambrusco de qualidade são rotulados como DOC ou "Denominazione di Origine Controllata". Outra classificação usual é a IGT, "Indicazione Geografica Tipica".

Lambrusco é o nome de mais de dez uvas nativas, cada qual com características únicas. As duas variedades de Lambrusco mais plantadas são a Lambrusco Salamino e a Lambrusco Grasparossa.

PROSECCO

🔊 "pro-cê-co"
💊 Método Charmat

PERFIL

FRUTA	●●●● ○
CORPO	●● ○○○
SECO	●●●● ○
ACIDEZ	●●●● ○
ÁLCOOL	●●● ○○

AROMAS DOMINANTES

MAÇÃ-VERDE — MELÃO HONEYDEW — PERA — MADRESSILVA — CREME

AROMAS POSSÍVEIS

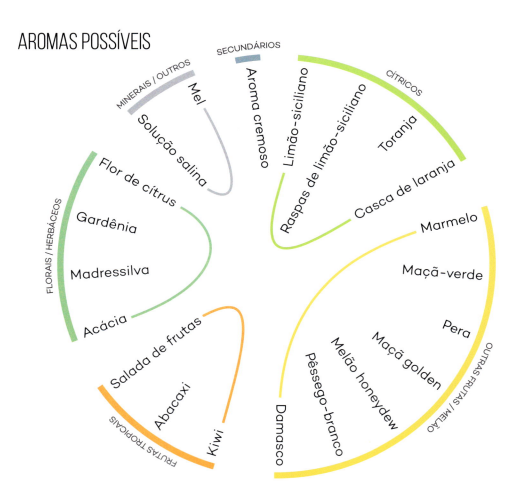

♥ Origem: norte da Itália

ONDE É PRODUZIDO
◀ VÊNETO E FRIULI, ITÁLIA

6.100 HECTARES

BRANCO

GELADO

ATÉ 2 ANOS

$ $ $ $
R$60-R$100

 Marmelo
 Maçã-verde
Pera madura
 Damasco

SAFRA FRIA — SAFRA QUENTE

NÍVEIS DE DOÇURA

- **BRUT: 0-12 G/L AR**
  Até 0,5 g de açúcar por taça.

- **EXTRA DRY: 12-17 G/L AR**
  Pouco mais de 0,5 g de açúcar por taça.

- **DRY: 17-32 G/L AR**
  Até 1 g de açúcar por taça.

NÍVEIS DE QUALIDADE: Existem 3 níveis principais de qualidade de Prosecco:

- **PROSECCO**
  O tipo mais comum.

- **PROSECCO SUPERIORE**
  Um nível maior de qualidade com base em padrões de produção.

- **CONEGLIANO VALDOBBIADENE E COLLI ASOLANI**
  Duas excepcionais sub-regiões de Prosecco que oferecem exemplares "millesimato" (safrados).

O Prosecco tem cerca de 3 atmosferas de pressão.

Harmonize com carnes curadas e aperitivos com frutas, como melão com presunto. O Prosecco também combina bem com pratos asiáticos de peso médio, como *pad thai* e macarrão de arroz vietnamita.

O GUIA ESSENCIAL DO VINHO WINE FOLLY

Vinho branco leve

ALBARIÑO
GRÜNER VELTLINER
MUSCADET
PINOT GRIS
SAUVIGNON BLANC
SOAVE
VERMENTINO

Vinhos brancos leves são conhecidos por seu paladar seco e sua acidez refrescante. Quase todos os vinhos brancos leves devem ser apreciados jovens, quando têm a acidez máxima e os aromas marcantes de frutas.

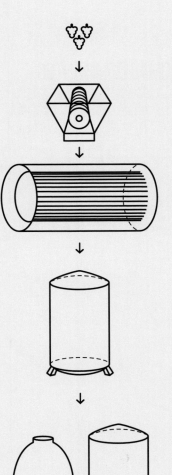

Uvas brancas ou tintas são colhidas e selecionadas.

As uvas são desengaçadas dos cachos.

As uvas são prensadas e separadas das cascas e das sementes.

O mosto é fermentado sem as cascas.

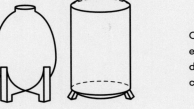

O vinho é mantido em tanques em baixa temperatura para descansar e estabilizar por um curto período.

Os vinhos são clarificados, engarrafados e, logo depois, comercializados.

ALBARIÑO

🔊 "al-ba-ri-nho"
ou: Alvarinho

PERFIL

FRUTA
CORPO
SECO
ACIDEZ
ÁLCOOL

AROMAS DOMINANTES

LIMÃO-SICILIANO — TORANJA — NECTARINA — MELÃO — CASCALHO MOLHADO

AROMAS POSSÍVEIS

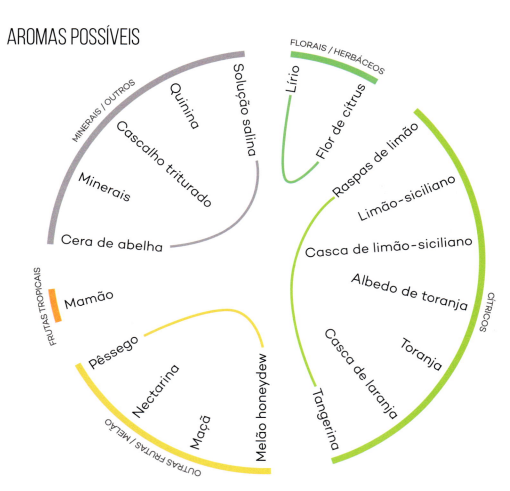

FLORAIS / HERBÁCEOS: Lírio, Flor de cítrus

CÍTRICOS: Raspas de limão, Limão-siciliano, Casca de limão-siciliano, Albedo de toranja, Toranja, Casca de laranja, Tangerina

OUTRAS FRUTAS / MELÃO: Melão honeydew, Maçã, Nectarina, Pêssego

FRUTAS TROPICAIS: Mamão

MINERAIS / OUTROS: Cera de abelha, Minerais, Cascalho triturado, Quinina, Solução salina

66

📍 Origem: norte de Portugal

ONDE É CULTIVADA

◀ ESPANHA
◀ PORTUGAL
◀ ESTADOS UNIDOS
◀ OUTROS LUGARES

~7.700 HECTARES

BRANCO

GELADO

ATÉ 2 ANOS

$ $ $ $ $
R$60-R$100

 Limão-siciliano   Toranja   Melão   Pêssego

CLIMA FRIO — CLIMA QUENTE

REGIÕES

RIAS BAIXAS, ESPANHA
Cerca de 90% das vinhas da região são dedicadas à Albariño. A área do vale do Salnés é tida como uma das mais clássicas sub-regiões.

MINHO, PORTUGAL
A Alvarinho é uma das uvas do Vinho Verde, um branco fresco, aromático e que muitas vezes apresenta uma leve presença de gás.

AROMAS

Os aromas de melão e toranja encontrados na Albariño vêm de um grupo de compostos aromáticos chamado tióis. Os tióis são comumente encontrados em vinhos brancos leves produzidos em regiões de clima mais frio, como os Sauvignon Blanc da Nova Zelândia e da França e os Pinot Grigio do norte da Itália.

Os Albariños são particularmente adequados às cozinhas tailandesa, marroquina e indiana.

TAILANDESA

MARROQUINA

INDIANA

GRÜNER VELTLINER

🔊 "gru-na velt-li-na"

PERFIL

FRUTA
CORPO
SECO
ACIDEZ
ÁLCOOL

AROMAS DOMINANTES

MAÇÃ GOLDEN — PERA — VAGEM — CEREFÓLIO — PIMENTA-BRANCA

AROMAS POSSÍVEIS

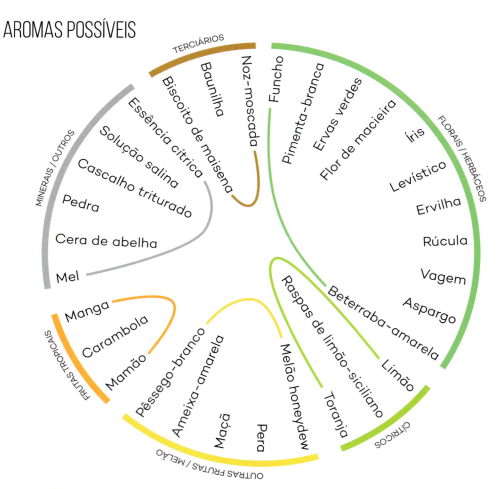

68

📍 Origem: Áustria

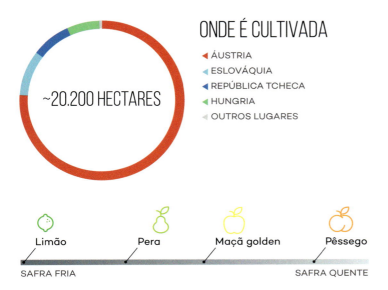

~20.200 HECTARES

ONDE É CULTIVADA
- ÁUSTRIA
- ESLOVÁQUIA
- REPÚBLICA TCHECA
- HUNGRIA
- OUTROS LUGARES

BRANCO

GELADO

ATÉ 2 ANOS

$ $ $ $ $
R$100-R$170

Limão — Pera — Maçã golden — Pêssego

SAFRA FRIA — SAFRA QUENTE

QUALIDADE: Existem 3 níveis principais de qualidade para os Grüner Veltliner austríacos:

 LANDWEIN
Normalmente são vinhos de baixo teor alcoólico feitos em grandes quantidades.

 QUALITÄTSWEIN
Selo de qualidade para os vinhos Grüner Veltliner na Áustria.

 DAC
Qualitätswein sub--regionais de estilo leve (o Classic) ou mais rico (o Reserve).

ESTILOS COMUNS

LEVE E ÁCIDO
É o estilo mais comum e acessível, conhecido pela acidez viva e pelos aromas simples de limão e melão. São rotulados como DAC "Classic".

ESTRUTURADO, FRUTADO E PICANTE
Um estilo mais rico, muitas vezes rotulado como "Reserve (DAC)" ou "Smaragd" (da região de Wachau) na Áustria. São vinhos secos, com aromas de mel, maçã, fumo, manga e pimenta-branca.

Grüner Veltliner harmoniza muito bem com legumes e verduras aromáticos, tofu e pratos da cozinha japonesa.

GENGIBRE

YUZU

WASABI

CEBOLINHA

O GUIA ESSENCIAL DO VINHO — WINE FOLLY

MUSCADET

🔊 "mus-ca-dê"
ou: Melon de Bourgogne

PERFIL

FRUTA
CORPO
EXTRASSECO
ACIDEZ
ÁLCOOL

AROMAS DOMINANTES

LIMÃO — LIMÃO-SICILIANO — MAÇÃ-VERDE — PERA — CONCHA DO MAR

AROMAS POSSÍVEIS

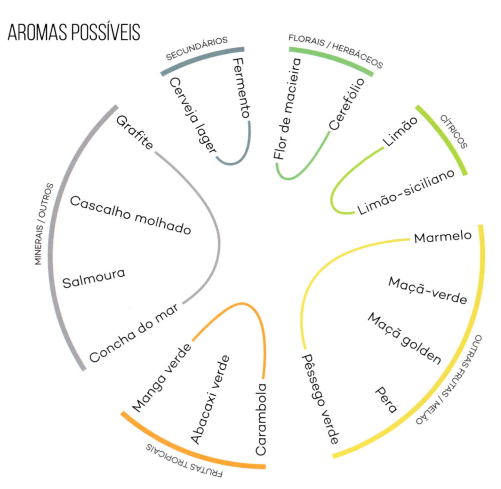

SECUNDÁRIOS: Fermento, Cerveja lager
FLORAIS / HERBÁCEOS: Flor de macieira, Cerefólio
CÍTRICOS: Limão, Limão-siciliano
OUTRAS FRUTAS / MELÃO: Marmelo, Maçã-verde, Maçã golden, Pera, Pêssego verde
FRUTAS TROPICAIS: Carambola, Abacaxi verde, Manga verde
MINERAIS / OUTROS: Concha do mar, Salmoura, Cascalho molhado, Grafite

70

♀ Origem: Loire, França

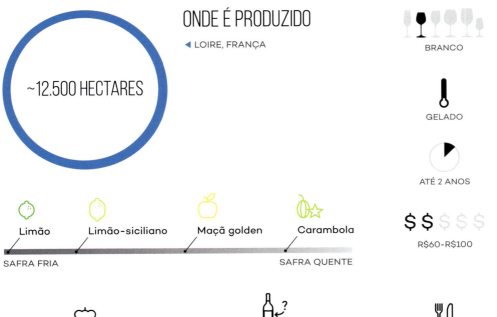

A UVA DO MUSCADET: A Melon de Bourgogne, ou apenas Melon, é a uva da região de Muscadet, na França. Duas denominações representam mais de 90% do vinho Muscadet:

MUSCADET SÈVRE-ET-MAINE
Esta denominação produz mais de 70% do vinho Muscadet.

MUSCADET
Esta denominação tem padrões de qualidade menos rigorosos do que a Muscadet Sèvre-et-Maine.

NO RÓTULO: É comum ver a expressão "sur lie" em uma garrafa de Muscadet. "Sur lie" significa "sobre as borras", termo usado para descrever o processo no qual o vinho é envelhecido por um período sobre as partículas (borras) das leveduras mortas.

O envelhecimento sobre as borras dá ao vinho uma sensação untuosa percebida na boca, bem como aromas como os de pão fermentado. É comum encontrá-los em vinhos brancos como Muscadet, Viognier e Marsanne, assim como em muitos espumantes.

Os Muscadet são uma combinação clássica com crustáceos, além de peixe com batata frita (*fish and chips*). Devido à elevada acidez, o Muscadet harmoniza com conservas e com molhos à base de vinagre.

CRUSTÁCEOS

LIMÃO-SICILIANO

FRITURAS

PINOT GRIS

🔊 "pi-nô grri"
ou: Pinot Grigio, Grauburgunder

PERFIL

FRUTA	●●●○○
CORPO	●●○○○
SECO	●●○○○
ACIDEZ	●●●●○
ÁLCOOL	●●●○○

AROMAS DOMINANTES

LIMÃO-SICILIANO · MAÇÃ GOLDEN · MELÃO · NECTARINA · PÊSSEGO

AROMAS POSSÍVEIS

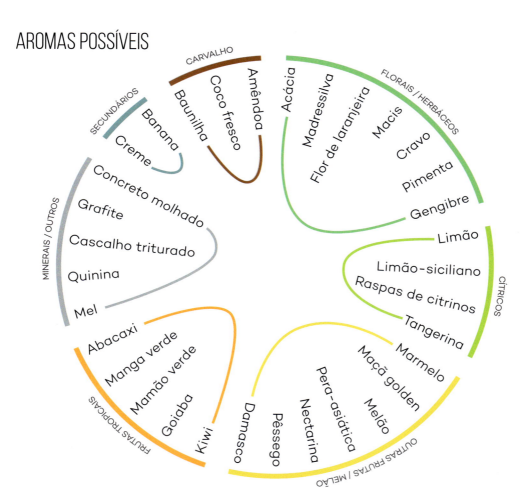

72

♥ Origem: França e Itália

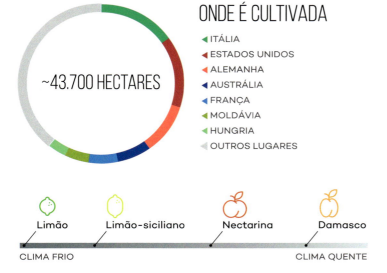

BRANCO

GELADO

ATÉ 5 ANOS

Limão	Limão-siciliano	Nectarina	Damasco

CLIMA FRIO — CLIMA QUENTE

R$60-R$100

PINOT GRIS: Pinot Gris é 1 dos 4 tipos mais comuns de Pinot:

 PINOT BLANC
Uva para vinho branco.

 PINOT GRIS
Uva de casca cinza-violeta usada para vinho branco e rosé.

 PINOT NOIR
Uva tinta para vinho tinto e rosé.

 PINOT MEUNIER
Uva tinta usada principalmente em Champagne.

ESTILOS COMUNS

 MINERAL E SECO
Mais conhecido como Pinot Grigio, do norte da Itália, com notas cítricas e salinidade.

 FRUTADO E SECO
Estilo encontrado nos Estados Unidos, na Austrália e em outras regiões de clima mais quente.

 FRUTADO E DOCE
Encontrado principalmente na Alsácia, França. Tem aromas de limão, pêssego e mel.

Na região de Friuli-Venezia Giulia, na Itália, existe um estilo único de Pinot Grigio chamado Ramato, no qual as cascas da uva são maceradas no mosto por cerca de 2 ou 3 dias para produzir um rosé com um tom claro de cobre.

Harmonize o Pinot Gris com pratos leves: peixes de carne firme, caranguejo e queijos suaves de leite de vaca, como os triplo-creme.

SAUVIGNON BLANC

🔊 "sô-vi-nhom blã"
ou: Fumé Blanc

PERFIL

FRUTA ●●●●●
CORPO ●●●●●
SECO ●●●●●
ACIDEZ ●●●●●
ÁLCOOL ●●●●●

AROMAS DOMINANTES

GROSELHEIRA — MELÃO VERDE — TORANJA — PÊSSEGO-BRANCO — MARACUJÁ

AROMAS POSSÍVEIS

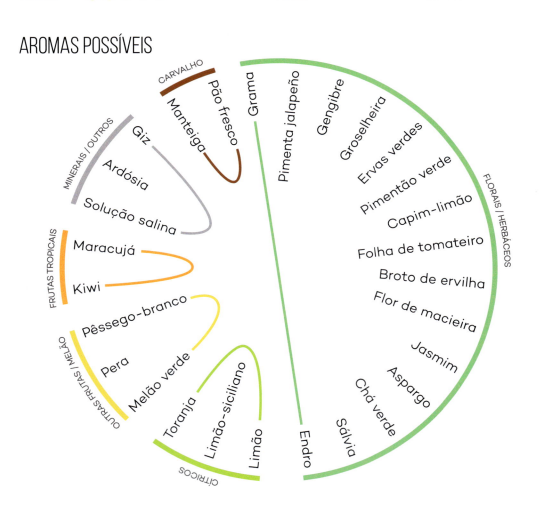

♦ Origem: França

ONDE É CULTIVADA

◀ FRANÇA
◀ NOVA ZELÂNDIA
◀ CHILE
◀ ÁFRICA DO SUL
◀ MOLDÁVIA
◀ ESTADOS UNIDOS
◀ AUSTRÁLIA
◀ ROMÊNIA
◀ ESPANHA
◀ ITÁLIA
◀ UCRÂNIA
◀ ARGENTINA
◀ OUTROS LUGARES

~110.000 HECTARES

BRANCO

GELADO

ATÉ 2 ANOS

$ $ $ $ $
R$60–R$100

Limão — Groselheira — Melão — Pêssego-branco

CLIMA FRIO ——— CLIMA QUENTE

DIFERENÇAS REGIONAIS:
Cada região produz um estilo diferente de Sauvignon Blanc. Veja abaixo alguns exemplos de aromas de frutas dominantes por região:

 PÊSSEGO-BRANCO
Costa Norte, Califórnia, Estados Unidos.

 LIMÃO
Vale do Loire, França.

 MARACUJÁ
Marlborough, Nova Zelândia.

AMADURECIDO EM BARRICAS:
Estilo que Robert Mondavi tornou célebre na década de 1970, quando renomeou seu Sauvignon Blanc amadurecido em barricas para Fumé Blanc. Esse estilo tem um paladar cremoso, mas ainda exibe a marca da variedade, que são suas notas "verdes" (herbáceas e florais).

 PERA   ESTRAGÃO   CREME

Similares à Sauvignon Blanc? Você encontra aromas semelhantes na austríaca Grüner Veltliner, na espanhola Verdejo, nas francesas Gros Manseng e Colombard e na italiana Vermentino.

A Sauvignon Blanc é um dos pais da Cabernet Sauvignon. O cruzamento entre a Cabernet Franc e a Sauvignon Blanc ocorreu naturalmente em algum momento do século XVII, no oeste da França.

SOAVE

🔊 "so-a-vê"
ou: Garganega

PERFIL

FRUTA
CORPO
EXTRASSECO
ACIDEZ
ÁLCOOL

AROMAS DOMINANTES

LIMÃO-SICILIANO EM CONSERVA — MELÃO HONEYDEW — SOLUÇÃO SALINA — AMÊNDOA VERDE — CEREFÓLIO

AROMAS POSSÍVEIS

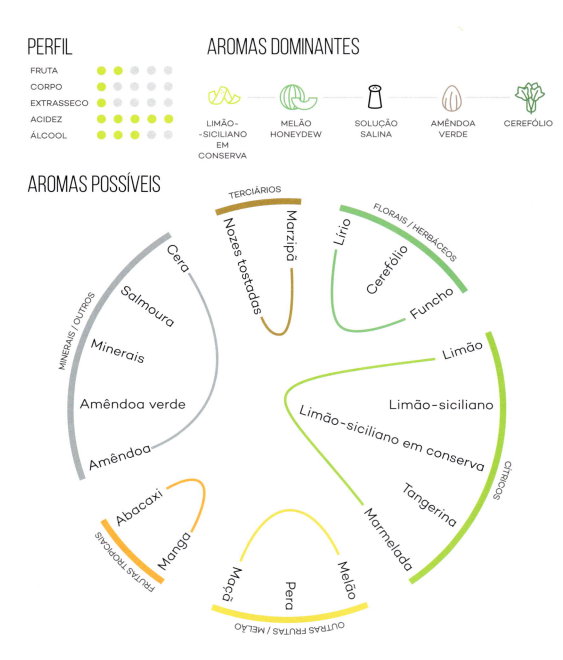

76

Origem: Vêneto, Itália

A UVA DO SOAVE: A Garganega é a uva do Soave. Os melhores vinhedos estão localizados em encostas nas colinas acima da cidade murada de Soave.

SOAVE E SOAVE SUPERIORE
Uma zona maior de produção. O Soave Superiore tem um período mais longo de envelhecimento.

SOAVE CLASSICO
A zona tradicional do cultivo, localizada nas colinas.

SOAVE COLLI SCALIGERI
Rótulos de vinhedos das encostas, fora da zona clássica.

ESTILOS COMUNS

LEVE E CÍTRICO
Os vinhos jovens de Soave possuem aromas salinos, assim como de melão honeydew, marmelada, pêssego-branco e muitas vezes com uma nota sutil da amêndoa verde.

ENCORPADO, MEL E FLORAL
Os Soaves de safras antigas têm aromas de erva-doce cristalizada, açafrão, mel, maçã assada e limão-siciliano em conserva. Dê preferência aos Soaves envelhecidos por 4 anos ou mais.

O Soave harmoniza muito bem com crustáceos, frango, tofu e alimentos de difícil combinação como ervilhas, lentilhas e aspargos.

Garganega é a mesma uva que a Grecanico na Sicília. Vinhos Grecanico costumam ter mais corpo e ser mais frutados, já os Soave tendem a ser mais leves e ácidos.

VERMENTINO

ou: Rolle, Favorita, Pigato

PERFIL

FRUTA ●●●●○
CORPO ●●○○○
SECO ●●●●○
ACIDEZ ●●●●○
ÁLCOOL ●●●○○

AROMAS DOMINANTES

LIMÃO — TORANJA — MAÇÃ-VERDE — AMÊNDOA — NARCISO

AROMAS POSSÍVEIS

MINERAIS / OUTROS: Amêndoa, Solução salina, Terra molhada

FLORAIS / HERBÁCEOS: Dente-de-leão, Grama de trigo, Menta, Cerefólio, Chuchu, Flor de macieira, Narciso

CÍTRICOS: Limão, Limão meyer, Albedo de toranja, Toranja

OUTRAS FRUTAS / MELÃO: Maçã-verde, Maçã golden, Pera, Pêssego-branco

FRUTAS TROPICAIS: Abacaxi verde, Manga, Abacaxi

78

● Origem: Itália

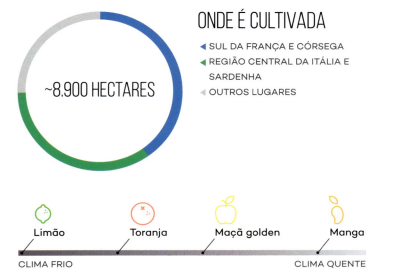

~8.900 HECTARES

ONDE É CULTIVADA

◀ SUL DA FRANÇA E CÓRSEGA
◀ REGIÃO CENTRAL DA ITÁLIA E SARDENHA
◀ OUTROS LUGARES

BRANCO

GELADO

ATÉ 2 ANOS

$ $ $ $ $
R$100-R$170

 Limão — Toranja — Maçã golden — Manga

CLIMA FRIO — CLIMA QUENTE

REGIÕES

SARDENHA, ITÁLIA
A Vermentino é a segunda uva mais cultivada na Sardenha. Os vinhos finos de Vermentino vêm da parte norte da ilha.

TOSCANA, ITÁLIA
A Vermentino cresce principalmente ao longo da costa da Toscana e se estende até Liguria.

AMARGOR: Muitas vezes a Vermentino é conhecida por ter uma nota amarga no final do paladar, semelhante ao albedo de toranja. Esse gosto é chamado de amargor fenólico, característica comum a vários vinhos brancos italianos, incluindo Verdicchio, Grechetto di Orvieto e Vernaccia di San Gimignano.

Devido à sua complexidade, o Vermentino resiste bem a alimentos mais ricos, como ensopado de frutos do mar, lula frita e molhos à base de tomate.

No sul da França a Vermentino é chamada de Rolle, uma uva--chave no blend dos rosés de Provence.

Vinho branco encorpado

CHARDONNAY

MARSANNE BLEND

SÉMILLON

VIOGNIER

Vinhos brancos encorpados são conhecidos por seus aromas ricos e marcantes. Tais vinhos são muitas vezes amadurecidos sobre suas borras ou em barris de carvalho para adicionar textura untuosa ao paladar e aromas de creme, baunilha e manteiga.

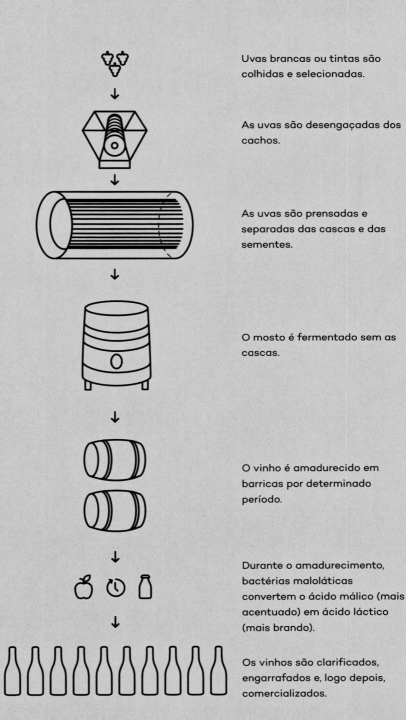

O GUIA ESSENCIAL DO VINHO — WINE FOLLY

CHARDONNAY

🔊 "char-do-né"

PERFIL

FRUTA	●●●●○
CORPO	●●●●○
SECO	●●●○○
ACIDEZ	●●●○○
ÁLCOOL	●●●●○

AROMAS DOMINANTES

MAÇÃ GOLDEN — CARAMBOLA — ABACAXI — MANTEIGA — GIZ

AROMAS POSSÍVEIS

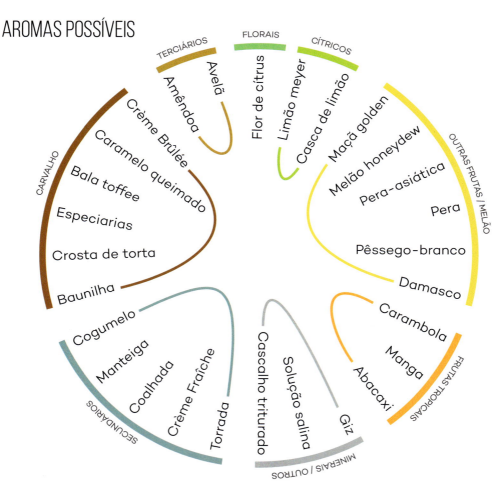

TERCIÁRIOS: Avelã, Amêndoa, Créme Brûlée, Caramelo queimado, Bala toffee, Especiarias, Crosta de torta, Baunilha (CARVALHO)

FLORAIS: Flor de citrus

CÍTRICOS: Limão meyer, Casca de limão

OUTRAS FRUTAS / MELÃO: Maçã golden, Melão honeydew, Pera-asiática, Pera, Pêssego-branco, Damasco

FRUTAS TROPICAIS: Carambola, Manga, Abacaxi

MINERAIS / OUTROS: Giz, Solução salina, Cascalho triturado

SECUNDÁRIOS: Torrada, Créme Fraîche, Coalhada, Manteiga, Cogumelo

82

♦ Origem: França

ONDE É CULTIVADA

~199.000 HECTARES

◄ FRANÇA
◄ EUA
◄ AUSTRÁLIA
◄ ITÁLIA
◄ CHILE
◄ ÁFRICA DO SUL
◄ ESPANHA
◄ ARGENTINA
◄ MOLDÁVIA
◄ NOVA ZELÂNDIA
◄ OUTROS LUGARES

BRANCO

FRIO

ATÉ 5 ANOS

$ $ $ $
R$60-R$100

Marmelo — Limão-siciliano — Maçã golden — Abacaxi

CLIMA FRIO — CLIMA QUENTE

DIFERENÇAS REGIONAIS

ABACAXI E MAÇÃ GOLDEN
- CALIFÓRNIA, EUA
- SUL DA AUSTRÁLIA
- ESPANHA
- ÁFRICA DO SUL
- ARGENTINA
- SUL DA ITÁLIA

MARMELO E CARAMBOLA
- BORGONHA, FRANÇA
- NORTE DA ITÁLIA
- COSTA DO CHILE
- NOVA ZELÂNDIA
- OESTE DA AUSTRÁLIA
- OREGON, EUA

ESTILOS COMUNS

AMADEIRADO E CREMOSO
Encontrado em: Califórnia, Chile, Austrália, Argentina, Espanha e Côte de Beaune, na Borgonha, França.

SEM MADEIRA, LEVE E CÍTRICO
O estilo sem estágio em carvalho pode ser encontrado em Mâconnais e Chablis (França) e no oeste da Austrália.

ESPUMANTE
Os "Blanc de Blancs" são elaborados exclusivamente com Chardonnay.

Sirva um Chardonnay estruturado e cremoso a uma temperatura um pouco mais elevada (13°C). Nessa temperatura, a bebida libera mais aromas na taça e fica mais densa.

A Chardonnay é a uva branca mais difundida no mundo.

Os Bourgognes brancos são normalmente 100% Chardonnay.

O GUIA ESSENCIAL DO VINHO — WINE FOLLY

MARSANNE BLEND

🔊 "mar-sa-ne"
ou: Châteauneuf-du-Pape Blanc, Côtes du Rhône Blanc

PERFIL

FRUTA
CORPO
SECO
ACIDEZ
ÁLCOOL

AROMAS DOMINANTES

MARMELO — TANGERINA — DAMASCO — ACÁCIA — CERA DE ABELHA

AROMAS POSSÍVEIS

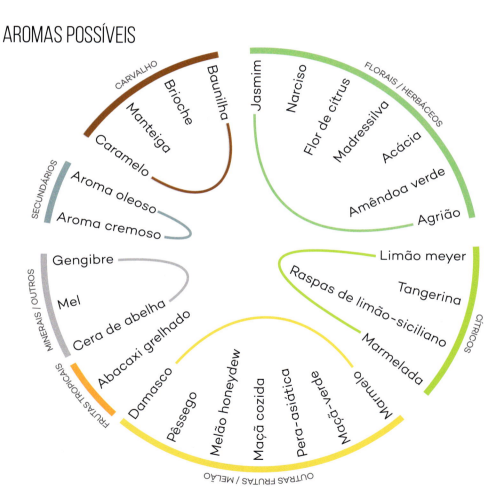

♦ Origem: vale do Rhône, França

O BLEND
- MARSANNE
- ROUSSANNE
- VIOGNIER
- GRENACHE BLANC
- CLAIRETTE
- BOURBOULENC
- PIQUEPOUL
- OUTRAS

~48.600 HECTARES

BRANCO

FRIO

ATÉ 5 ANOS

$ $ $ $ $
R$100-R$170

 Marmelo   Limão-siciliano   Pêssego Damasco

CLIMA FRIO — CLIMA QUENTE

FRANÇA: Em geral, os blends brancos franceses do vale do Rhône têm corpo leve, porque são uma mistura de muitas variedades, incluindo Marsanne, Roussanne, Grenache Blanc, Clairette, Bourboulenc e Viognier.

ESTADOS UNIDOS: Marsanne e outras variedades dos brancos do vale do Rhône tornaram-se populares nos Estados Unidos depois que a vinícola Tablas Creek, de Paso Robles, importou mudas da vinícola Château de Beaucastel, localizada em Châteauneuf-du-Pape.

O BLEND: Devido à ampla gama de uvas que contribui para o blend, o segredo para o sabor particular de um rótulo reside em sua uva dominante.

 PÊSSEGO E FLORES
Viognier

 CERA DE ABELHA E PERA
Marsanne e Roussanne

 FRUTAS CÍTRICAS
Outras

Se preferir um estilo mais rico, procure por um Rhône branco que contenha maiores proporções das uvas Viognier e Marsanne.

Como o próprio nome indica, o blend branco original do Rhône é da região do vale do Rhône, no sul da França, onde apenas 6% da produção regional é dedicado ao vinho branco atualmente.

SÉMILLON

🔊 "sê-mi-on"

PERFIL

FRUTA
CORPO
SECO
ACIDEZ
ÁLCOOL

AROMAS DOMINANTES

LIMÃO-SICILIANO · CERA DE ABELHA · PÊSSEGO · CAMOMILA · SOLUÇÃO SALINA

AROMAS POSSÍVEIS

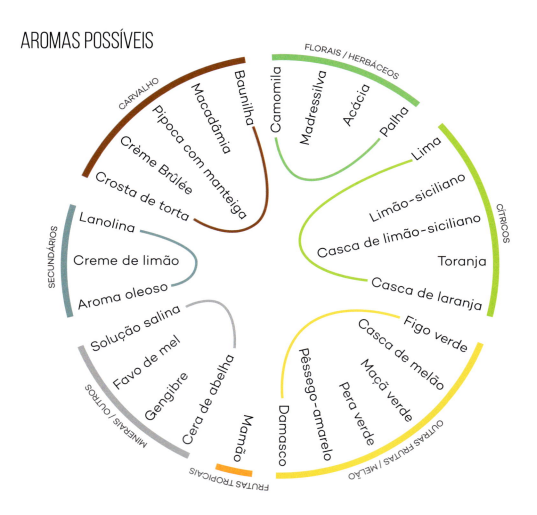

📍 Origem: França

ONDE É CULTIVADA

◀ FRANÇA
◀ AUSTRÁLIA
◀ CHILE
◀ ÁFRICA DO SUL
◀ ARGENTINA
◀ ESTADOS UNIDOS
◀ TURQUIA
◀ OUTROS LUGARES

~23.000 HECTARES

BRANCO

FRIO

ATÉ 10 ANOS

R$100-R$170

Limão — Maçã golden — Mamão — Figo

CLIMA FRIO — CLIMA QUENTE

ESTILOS COMUNS

DIFERENÇAS REGIONAIS: Ao comparar os vinhos Sémillon de diferentes regiões, notam-se algumas diferenças de aromas:

LIMÃO, SOLUÇÃO SALINA E CAMOMILA
- BORDEAUX, FRANÇA
- HUNTER VALLEY, AUSTRÁLIA
- ESTADO DE WASHINGTON

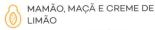

MAMÃO, MAÇÃ E CREME DE LIMÃO
- SUL DA AUSTRÁLIA
- CALIFÓRNIA

BORDEAUX BLEND BRANCO
Um branco de acidez viva de Sauvignon Blanc e Sémillon encontrado em Graves (Bordeaux), em Hunter Valley (Austrália) e no estado norte-americano de Washington.

SÉMILLON AMADURECIDO EM CARVALHO
Apenas alguns vinhos Sémillon são amadurecidos em carvalho. Procure por vinhos Sémillon de Péssac-Leognan, Bordeaux, França; de Barossa Valley, sul da Austrália; e do estado de Washington, Estados Unidos.

VINHO DE SOBREMESA
A Sémillon é a variedade fundamental do Sauternes, vinho de sobremesa com textura e aromas que lembram mel. É proveniente de Bordeaux e produzido com as uvas Sémillon, Sauvignon Blanc e Muscadelle.

VIOGNIER

🔊 "vio-niê"

PERFIL

FRUTA ●●●●○
CORPO ●●●●○
MEIO SECO ●●●○○
ACIDEZ ●●○○○
ÁLCOOL ●●●●○

AROMAS DOMINANTES

TANGERINA — PÊSSEGO — MANGA — MADRESSILVA — ROSA

AROMAS POSSÍVEIS

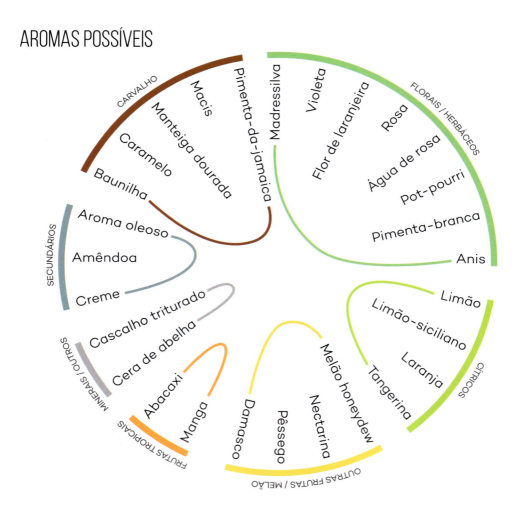

📍 Origem: sul da França

ONDE É CULTIVADA

◂ FRANÇA
◂ AUSTRÁLIA
◂ ESTADOS UNIDOS
◂ OUTROS LUGARES

~11.300 HECTARES

BRANCO

FRIO

ATÉ 2 ANOS

R$60-R$100

| Laranja | Damasco | Manga | Abacaxi |

CLIMA FRIO — CLIMA QUENTE

REGIÕES

FRANÇA
Vale do Rhône e Languedoc-Roussillon.

AUSTRÁLIA
Sul da Austrália, incluindo Barossa Valley.

ESTADOS UNIDOS
Costa central da Califórnia, incluindo Paso Robles.

ESTILOS COMUNS

LIMÃO, FLORES E MINERAIS
Comum em regiões de climas mais frios, onde os vinhos não são submetidos à fermentação malolática em aço inoxidável.

DAMASCO, ROSA E BAUNILHA
Viognier de clima quente amadurecido em barril atinge um sabor mais encorpado devido à fermentação malolática e à reduzida acidez.

PÊSSEGO DOCE E FLOR
A pequena região de Condrieu, no norte do Rhône, produz um estilo meio seco muito raro de Viognier.

Vinho branco aromático

CHENIN BLANC

GEWÜRZTRAMINER

MUSCAT BLANC

RIESLING

TORRONTÉS

Vinhos brancos aromáticos são intensamente perfumados com aromas de frutas doces, mas no paladar podem variar de seco a doce. São parceiros ideais em harmonizações com as cozinhas asiática e indiana, porque combinam bem com sabores agridoces e atenuam os molhos picantes.

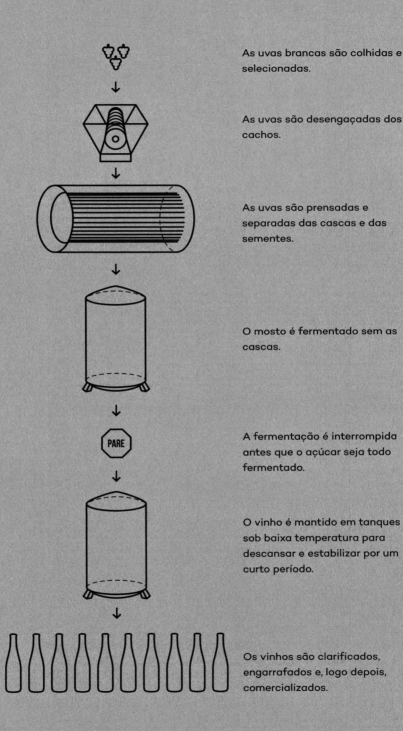

O GUIA ESSENCIAL DO VINHO — WINE FOLLY

CHENIN BLANC

🔊 "che-nã blã"
ou: Steen, Pineau, Vouvray

PERFIL

FRUTA	●●●○○
CORPO	●●○○○
MEIO SECO	●●●●○
ACIDEZ	●●●●○
ÁLCOOL	●●●○○

AROMAS DOMINANTES

LIMÃO-SICILIANO — MAÇÃ GOLDEN — PERA — MEL — CAMOMILA

AROMAS POSSÍVEIS

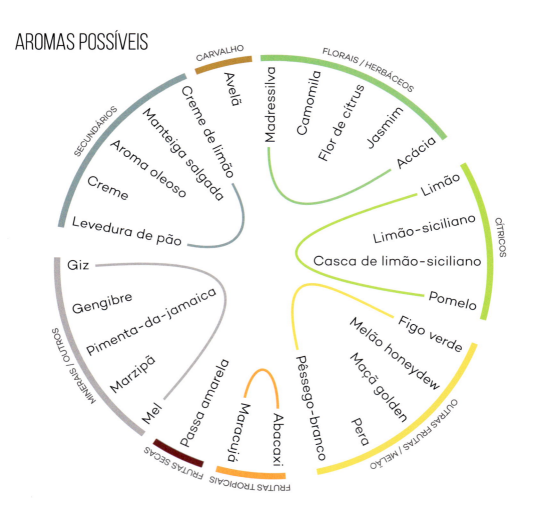

CARVALHO: Avelã
SECUNDÁRIOS: Creme de limão, Manteiga salgada, Aroma oleoso, Creme, Levedura de pão
MINERAIS / OUTROS: Giz, Gengibre, Pimenta-da-jamaica, Marzipã, Mel
FRUTAS SECAS: Passa amarela
FRUTAS TROPICAIS: Maracujá, Abacaxi
OUTRAS FRUTAS / MELÃO: Pêssego-branco, Melão honeydew, Maçã golden, Pera, Figo verde
CÍTRICOS: Pomelo, Casca de limão-siciliano, Limão-siciliano, Limão
FLORAIS / HERBÁCEOS: Acácia, Jasmim, Flor de cítrus, Camomila, Madressilva

92

📍 Origem: França

ESTILOS COMUNS

ESPUMANTE
Espumantes dessa uva são produzidos no vale do Loire (Vouvray, Saumur e Montlouis). Na África do Sul, a Chenin Blanc participa do blend do método de produção Cap Classique.

LEVE E CÍTRICO
Com aromas de limão e estragão, este estilo seco é comum entre os Chenin sul-africanos de preço acessível e em vinhos do Loire rotulados como "Sec.".

PÊSSEGO E FLORES
A África do Sul oferece um estilo rico, com notas de nectarina, mel e merengue. Está disponível também nas safras quentes em Anjou, Montlouis e Vouvray na região do Loire.

VINHO DE SOBREMESA BOTRITIZADO
Em Anjou, perto do rio, onde a névoa se forma em determinados anos, as uvas botritizadas acrescentam ao vinho notas de bala de gengibre.

De vez em quando, você vai se deparar com um Chenin Blanc com aromas de maçã machucada. Trata-se de um sinal de oxidação. Alguns vinhos de Chenin Blanc são feitos propositalmente em um estilo que conta com a oxidação, incluindo os produzidos na região do Loire chamada Savennières.

Grande parte da Chenin Blanc cultivada na África do Sul é utilizada para a produção de destilados.

GEWÜRZTRAMINER

🔊 "gue-vurz-tra-mi-ner"

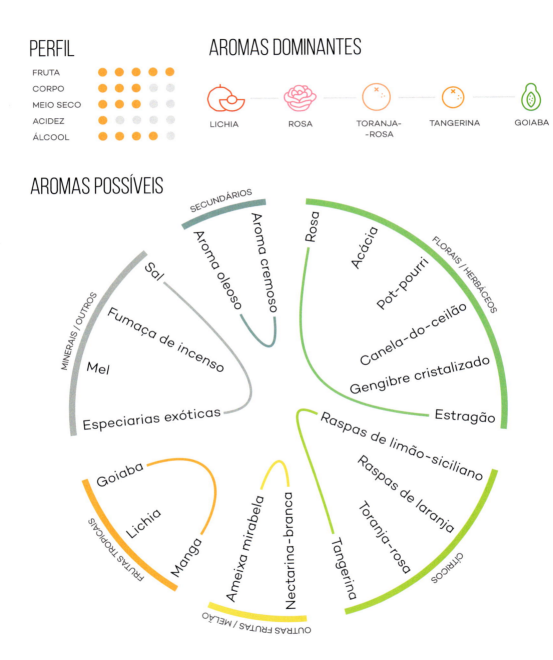

94

📍 Origem: Alemanha e França

ONDE É CULTIVADA

14.000 HECTARES

- FRANÇA
- MOLDÁVIA
- UCRÂNIA
- AUSTRÁLIA
- ALEMANHA
- ESTADOS UNIDOS
- HUNGRIA
- OUTROS LUGARES

BRANCO

FRIO

ATÉ 2 ANOS

| Tangerina | Rosa | Lichia | Goiaba |

CLIMA FRIO — CLIMA QUENTE

$ $ $ $ $
R$100-R$170

ESTILOS COMUNS

SECO E MEIO SECO
Existem vários Gewürztraminer com aromas doces e florais e um paladar completamente seco. Esse estilo seco pode ser encontrado em Trento-Alto Adige, Itália; Alsácia, França; e em áreas mais frias da Califórnia, incluindo Mendocino e Monterey. O vinho Gewürztraminer seco da Alsácia tem uma rica textura untuosa e uma sutil salinidade.

VINHOS DE SOBREMESA
Na Alsácia, há dois vinhos de sobremesa de altíssima qualidade produzidos com Gewürztraminer: Vendanges Tardives e Sélection de Grains Nobles (SGN). O SGN é produzido com uvas botritizadas e o Vendanges Tardives, como diz o nome, é de "colheita tardia". São vinhos geralmente raros e possuem preços elevados.

Harmonize um Gewürztraminer seco com *dim sum*, cozinha vietnamita, *guioza* e *dumpling soup* (sopa com bolinhos de massa recheados).

Como regra geral, o Gewürztraminer é melhor se consumido em até um ou dois anos após a safra. Isso é para garantir que a bebida esteja com a maior acidez possível, o que dá ao Gewürztraminer um paladar fresco.

MUSCAT BLANC

🔊 "mus-cá blã"
ou: Moscato d'Asti, Moscatel, Muscat Blanc à Petit Grains, Muscat Canelli, Muskateller

PERFIL

- FRUTA
- CORPO
- DOCE
- ACIDEZ
- ÁLCOOL

AROMAS DOMINANTES

LIMÃO MEYER — TANGERINA — PERA — FLOR DE LARANJEIRA — MADRESSILVA

AROMAS POSSÍVEIS

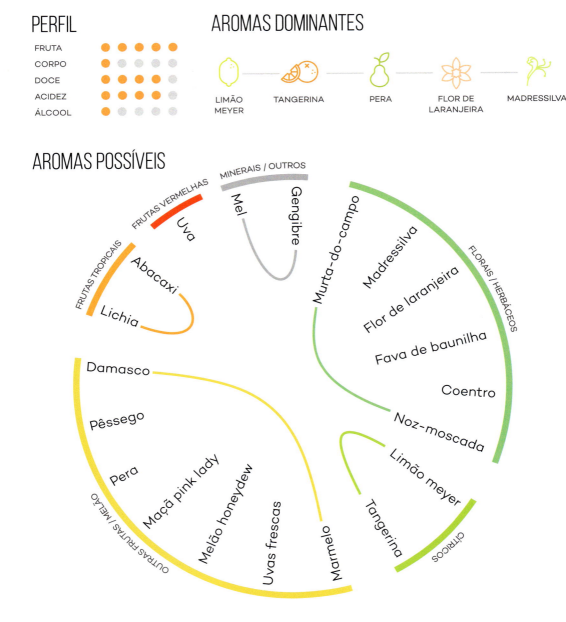

FRUTAS VERMELHAS: Uva
FRUTAS TROPICAIS: Abacaxi, Lichia
MINERAIS / OUTROS: Mel, Gengibre
FLORAIS / HERBÁCEOS: Murta-do-campo, Madressilva, Flor de laranjeira, Fava de baunilha, Coentro, Noz-moscada
CÍTRICOS: Limão meyer, Tangerina
OUTRAS FRUTAS / MELÃO: Damasco, Pêssego, Pera, Maçã pink lady, Melão honeydew, Uvas frescas, Marmelo

📍 Origem: Grécia Antiga e Roma Antiga

ONDE É CULTIVADA

- ITÁLIA
- FRANÇA
- GRÉCIA
- ESPANHA
- BRASIL
- ESTADOS UNIDOS
- PORTUGAL
- OUTROS LUGARES

31.000 HECTARES

DEPENDE DO ESTILO

FRIO

ATÉ 2 ANOS

$ $ $ $ $
R$60-R$100

| Limão-siciliano | Tangerina | Melão maduro | Lichia |

CLIMA FRIO — CLIMA QUENTE

MUSCAT: A Muscat Blanc é uma uva antiga com muitas variedades intimamente relacionadas:

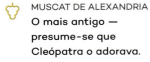

- **MUSCAT DE ALEXANDRIA**
  O mais antigo — presume-se que Cleópatra o adorava.

- **MUSCAT GIALLO**
  A versão italiana da época romana.

- **MUSCAT OTTONEL**
  Vindo do Império Otomano, um Muscat seco.

ESTILOS COMUNS

SECO E AROMÁTICO
Estilo classicamente mais associado com Alto Adige, na Itália, com a Alemanha e com a Alsácia, na França.

DOCE E LEVEMENTE ESPUMANTES
O Muscat Blanc mais famoso é o Moscato d'Asti, produzido na região do Piemonte, no norte da Itália.

MUSCAT DOCE DE SOBREMESA
Várias regiões produzem vinhos de sobremesa à base de Muscat, que podem ter mais de 200 g/l de açúcar residual, com uma viscosidade tal como um xarope quente de bordo.

RIESLING

🔊 "rís-lin"

PERFIL

FRUTA	●●●●○
CORPO	●○○○○
MEIO SECO	●●●○○
ACIDEZ	●●●●○
ÁLCOOL	●●○○○

AROMAS DOMINANTES

LIMÃO — MAÇÃ-VERDE — CERA DE ABELHA — JASMIM — PETRÓLEO

AROMAS POSSÍVEIS

MINERAIS / OUTROS: Giz, Ardósia molhada, Petróleo, Gengibre, Cera de abelha

FRUTAS VERMELHAS: Cereja-galega, Morango

FRUTAS TROPICAIS: Goiaba, Manga, Mamão verde, Carambola

OUTRAS FRUTAS / MELÃO: Damasco, Nectarina, Melão, Pera

CÍTRICOS: Maçã-verde, Toranja-rosa, Raspas de citrinos, Limão-siciliano, Limão

FLORAIS / HERBÁCEOS: Jasmim, Madressilva, Fava de baunilha, Noz-moscada, Canela, Pimenta-branca, Manjericão tailandês, Alecrim

98

♀ Origem: Alemanha

ONDE É CULTIVADA

◀ ALEMANHA
◀ ESTADOS UNIDOS
◀ AUSTRÁLIA
◀ FRANÇA
◀ UCRÂNIA
◀ MOLDÁVIA
◀ HUNGRIA
◀ OUTROS LUGARES

52.100 HECTARES

BRANCO

FRIO

ATÉ 10 ANOS

$ $ $ $ $
R$100-R$170

Limão	Maçã-verde	Laranja	Nectarina

CLIMA FRIO — CLIMA QUENTE

REGIÕES

ALEMANHA
A Alemanha é conhecida por ter o melhor Riesling do mundo, com estilos que vão de seco a doce.

ESTADOS UNIDOS
Os estados de Washington e Nova York produzem vinhos Riesling secos e doces.

AUSTRÁLIA
Nos vales de Clare e Eden são produzidos vinhos Riesling secos, com aromas de limão e petróleo.

FRANÇA
Os Riesling da Alsácia são geralmente produzidos no estilo seco.

TERMOS EM RÓTULOS ALEMÃES

Não tem certeza se o vinho é seco ou doce? Como regra geral, se o vinho tem baixo teor alcoólico (abaixo de 9% APV), pode-se presumir que esteja do lado mais doce do espectro.

Riesling doces harmonizam muito bem com pratos picantes ou bem temperados, incluindo as cozinhas indiana e tailandesa. Riesling secos têm acidez suficiente para combinar com perfeição com carnes levemente gordurosas, como pato e bacon.

TORRONTÉS

🔊 "to-rron-tês"

PERFIL

FRUTA ● ● ● ○ ○
CORPO ● ● ○ ○ ○
SECO ● ● ● ○ ○
ACIDEZ ● ● ● ● ○
ÁLCOOL ● ● ● ○ ○

AROMAS DOMINANTES

| LIMÃO MEYER | PÊSSEGO | CASCA DE LIMÃO-SICILIANO | PÉTALA DE ROSA | GERÂNIO |

AROMAS POSSÍVEIS

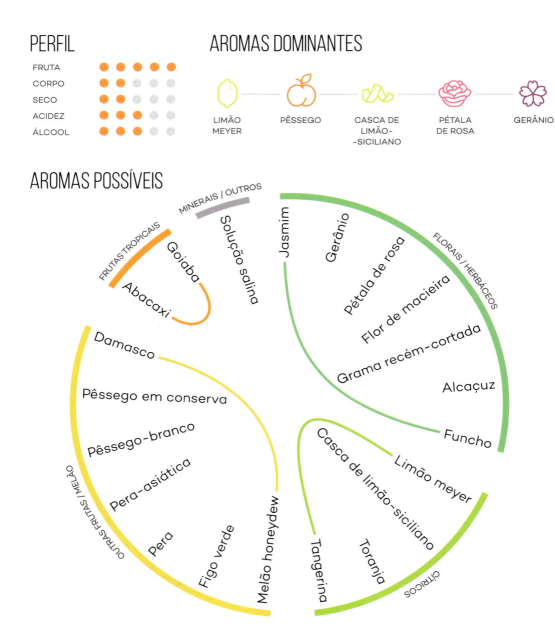

MINERAIS / OUTROS: Solução salina

FRUTAS TROPICAIS: Goiaba, Abacaxi

OUTRAS FRUTAS / MELÃO: Damasco, Pêssego em conserva, Pêssego-branco, Pera-asiática, Pera, Figo verde, Melão honeydew

FLORAIS / HERBÁCEOS: Jasmim, Gerânio, Pétala de rosa, Flor de macieira, Grama recém-cortada, Alcaçuz, Funcho

CÍTRICOS: Limão meyer, Casca de limão-siciliano, Toranja, Tangerina

100

📍 Origem: Argentina

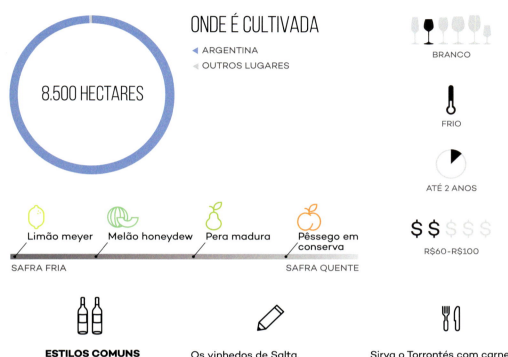

ONDE É CULTIVADA
◀ ARGENTINA
◀ OUTROS LUGARES

8.500 HECTARES

BRANCO

FRIO

ATÉ 2 ANOS

$ $ $ $ $
R$60-R$100

Limão meyer · Melão honeydew · Pera madura · Pêssego em conserva

SAFRA FRIA — SAFRA QUENTE

ESTILOS COMUNS

 SECO E CÍTRICO
A região argentina de Salta é conhecida por produzir Torrontés secos com aromas de toranja, casca de limão-siciliano, noz-moscada e solução salina.

 UM TOQUE DOCE
Os Torrontés de regiões mais quentes como Mendoza e San Juan têm um paladar macio, com aromas de pêssego e goiaba.

Os vinhedos de Salta, localizados em grande altitude, são conhecidos por produzirem Torrontés de alta qualidade.

A Torrontés é uma uva nativa da Argentina, nascida de um cruzamento natural entre a Muscat de Alexandria e uma uva chilena chamada País.

Sirva o Torrontés com carnes de sabor delicado e molhos agridoces, como robalo glaceado com missô, ou com tofu grelhado no molho teriyaki com gergelim.

PEIXE E SUSHI

TOFU GRELHADO

Vinho rosé

ROSÉ

O vinho rosé é elaborado a partir da maceração do mosto junto com as cascas das uvas tintas por um curto período. Rosés são feitos em todos os principais países produtores e com quase todas as variedades de uvas, tanto brancas quanto tintas. Os vinhos rosés variam de seco a doce no paladar. Por exemplo, um rosé de Tempranillo é geralmente seco e saboroso, já um Zinfandel branco é quase sempre doce e frutado.

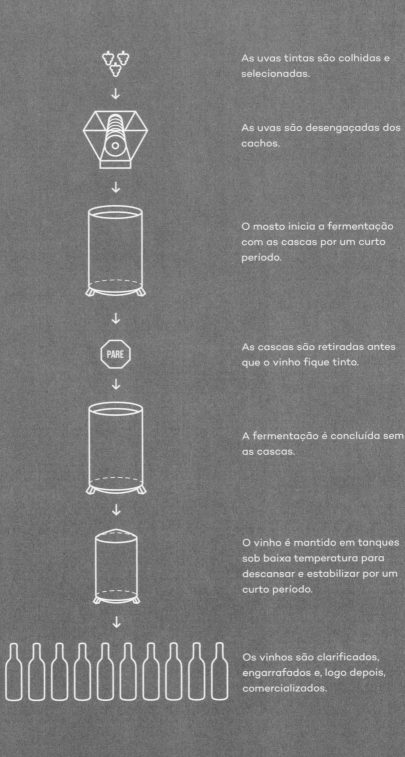

ROSÉ

🔊 "ro-sê"
ou: Rosado, Rosato, Vin Gris

PERFIL

FRUTA	●●●●
CORPO	●●○○
SECO / DOCE	●●○○
ACIDEZ	●●●●
ÁLCOOL	●●●○

AROMAS DOMINANTES

MORANGO — MELÃO HONEYDEW — PÉTALA DE ROSA — AIPO — CASCA DE LARANJA

AROMAS POSSÍVEIS

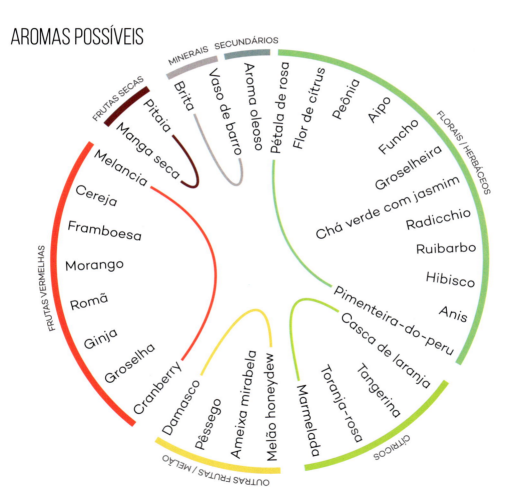

📍 Origem: desconhecida

ONDE É PRODUZIDO
◀ FRANÇA
◀ ITÁLIA
◀ ESTADOS UNIDOS
◀ ESPANHA
◀ OUTROS LUGARES

3 BILHÕES
GARRAFAS
9% DE TODA A PRODUÇÃO DE VINHO

PADRÃO BORGONHA

FRIO

ATÉ 2 ANOS

$ $ $ $ $
R$60-R$100

 Cranberry   Groselha   Ginja Framboesa

CLIMA FRIO ——————————————— CLIMA QUENTE

REGIÕES

FRANÇA
Os vinhos rosés da França são secos e vêm principalmente de Provence e Languedoc-Roussillon. O blend típico inclui as uvas Grenache e Syrah.

ITÁLIA
O Rosato é elaborado em toda a Itália, como varietais ou blends de uvas nativas do país.

ESTADOS UNIDOS
A cada ano, muitos estilos novos de vinho rosé são lançados, mas a maior produção de rosé é dedicada ao Zinfandel branco.

ESPANHA
Os rosés espanhóis utilizam a uva Tempranillo, que aporta um aroma de carne, e a Garnacha, que acrescenta aromas de toranja cristalizada e um tom rubi brilhante.

Uma taça para rosés e brancos aromáticos ajuda a manifestar aromas florais sutis que são difíceis de perceber em uma taça-padrão de vinho branco.

Nos Estados Unidos, a maioria das uvas Zinfandel é utilizada na produção do Zinfandel branco.

O GUIA ESSENCIAL DO VINHO · WINE FOLLY

Vinho tinto leve

GAMAY

PINOT NOIR

Vinhos tintos leves são translúcidos e têm acidez de moderada a alta. São conhecidos por seus aromas perfumados, que são melhor captados em taças de bojo largo.

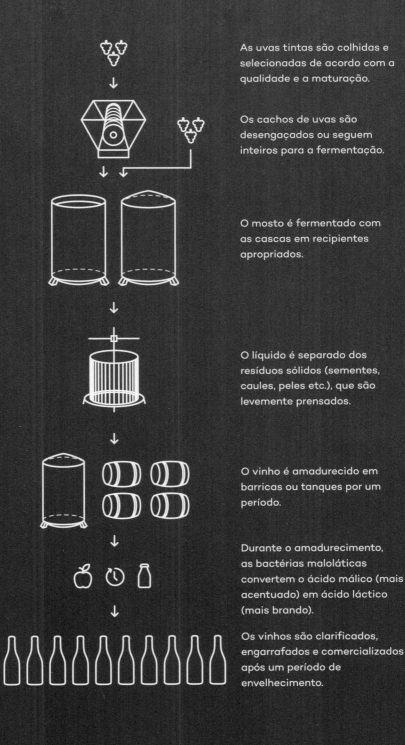

GAMAY

🔊 "ga-mé"
ou: Gamay Noir, Beaujolais

PERFIL

FRUTA ●●● ○○
CORPO ●●● ○○
TANINOS ●● ○○○
ACIDEZ ●●●● ○
ÁLCOOL ●● ○○○

AROMAS DOMINANTES

BAGA DE MURTA — FRAMBOESA — VIOLETA — SUBSTRATO — BANANA

AROMAS POSSÍVEIS

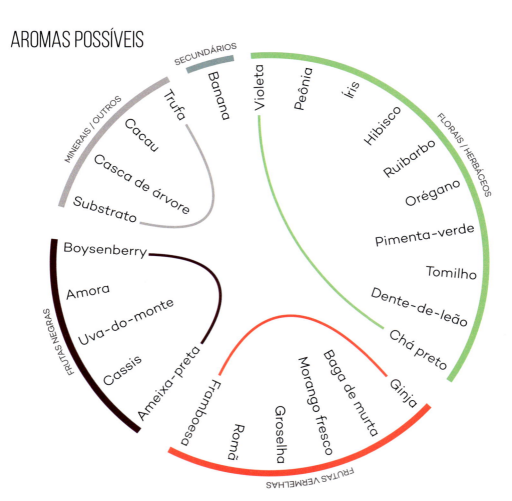

108

● Origem: França

PADRÃO BORGONHA

TEMP. DE ADEGA

ATÉ 5 ANOS

$ $ $ $ $
R$100-R$170

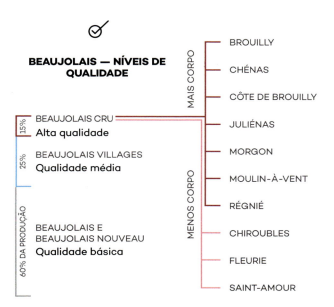

Cerca de 75% dos vinhos Gamay franceses são produzidos na região de Beaujolais.

Busca qualidade? Procure por um Gamay Noir de um dos dez crus de Beaujolais. Cru é uma indicação de vinhedos de qualidade.

Um Beaujolais Nouveau deve ser consumido no mesmo ano de sua safra, pois não é propício ao envelhecimento.

PINOT NOIR

🔊 "pi-nô nu-ár"
ou: Spätburgunder

PERFIL

FRUTA
CORPO
TANINOS
ACIDEZ
ÁLCOOL

AROMAS DOMINANTES

CRANBERRY · CEREJA · FRAMBOESA · CRAVO · COGUMELO

AROMAS POSSÍVEIS

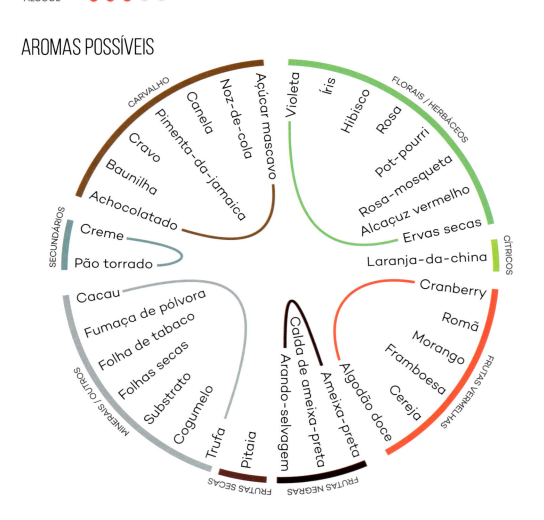

CARVALHO: Açúcar mascavo, Noz-de-cola, Canela, Pimenta-da-jamaica, Cravo, Baunilha, Achocolatado

SECUNDÁRIOS: Creme, Pão torrado

MINERAIS / OUTROS: Cacau, Fumaça de pólvora, Folha de tabaco, Folhas secas, Substrato, Cogumelo, Trufa

FRUTAS SECAS: Pitaia

FRUTAS NEGRAS: Calda de ameixa-preta, Arando-selvagem, Ameixa-preta, Algodão doce

FRUTAS VERMELHAS: Cereja, Framboesa, Morango, Romã, Cranberry

CÍTRICOS: Laranja-da-china

FLORAIS / HERBÁCEOS: Violeta, Íris, Hibisco, Rosa, Pot-pourri, Rosa-mosqueta, Alcaçuz vermelho, Ervas secas

📍 Origem: França

ONDE É CULTIVADA

- ◀ FRANÇA
- ◀ ESTADOS UNIDOS
- ◀ ALEMANHA
- ◀ MOLDÁVIA
- ◀ ITÁLIA
- ◀ NOVA ZELÂNDIA
- ◀ AUSTRÁLIA
- ◀ SUÍÇA
- ◀ OUTROS LUGARES

86.600 HECTARES

PADRÃO BORGONHA

TEMP. DE ADEGA

ATÉ 5 ANOS

Cranberry — Cereja — Framboesa — Ameixa-preta

CLIMA FRIO ——— CLIMA QUENTE

$ $ $ $ $
R$60-R$100

DIFERENÇAS REGIONAIS: Ao comparar vinhos Pinot Noir de diferentes regiões, você vai notar algumas diferenças de aroma:

FRAMBOESA E CRAVO
- CALIFÓRNIA
- CENTRAL OTAGO, NOVA ZELÂNDIA
- SUL DA AUSTRÁLIA
- CHILE
- ARGENTINA

CRANBERRY E COGUMELO
- FRANÇA
- ALEMANHA
- ITÁLIA
- OREGON, ESTADOS UNIDOS

ESTILOS COMUNS

ROSÉ CÍTRICO
Rosé seco, com aromas de flor de sabugueiro, morango verde e ameixa azeda.

TINTOS LEVES
Os aromas dos vinhos tintos variam muito conforme a região, a safra e o produtor.

ESPUMANTE
O Crémant d'Alsace rosé é 100% Pinot Noir.

À procura de variedades semelhantes a Pinot Noir? Você também pode desfrutar das uvas St. Laurent, Cinsaut e Zweigelt.

Existem 15 clones comuns de Pinot Noir, e cada um tem um sabor distinto.

A casa original da Pinot Noir é a Borgonha, na França.

Vinho tinto de médio corpo

BARBERA

CABERNET FRANC

CARIGNAN

CARMÉNÈRE

GRENACHE

MENCÍA

MERLOT

MONTEPULCIANO

NEGROAMARO

RHÔNE/GSM BLEND

SANGIOVESE

VALPOLICELLA BLEND

ZINFANDEL

Vinhos tintos de médio corpo são muitas vezes chamados de "vinhos gastronômicos" por causa de sua excelente capacidade de harmonização com uma vasta gama de alimentos. De modo geral, os vinhos de médio corpo são caracterizados por aromas dominantes de frutas vermelhas.

As uvas tintas são colhidas e separadas das folhas.

As uvas são desengaçadas dos cachos.

O mosto fermenta com as cascas em recipientes apropriados.

O líquido é separado dos resíduos sólidos (sementes, caules, cascas etc.), que são levemente prensados.

O vinho é amadurecido em barricas ou tanques por um período.

Durante o amadurecimento, as bactérias malolácticas convertem o ácido málico (mais acentuado) em ácido láctico (mais brando).

Os vinhos são clarificados, engarrafados e comercializados após um período de envelhecimento.

BARBERA

🔊 "bar-bé-ra"

PERFIL

FRUTA ●●●●○
CORPO ●●●●○
TANINOS ●●○○
ACIDEZ ●●●●
ÁLCOOL ●●●○

AROMAS DOMINANTES

GINJA — ALCAÇUZ — AMORA-SILVESTRE — ERVAS SECAS — ALCATRÃO

AROMAS POSSÍVEIS

MINERAIS / OUTROS: Carne curada, Café mocha, Tabaco, Fumaça, Alcatrão

FLORAIS / HERBÁCEOS: Íris, Lavanda, Pimenta-do-reino, Alcaçuz, Ervas secas, Baunilha

FRUTAS NEGRAS: Ameixa seca, Amora-silvestre, Amora, Ameixa-preta

FRUTAS VERMELHAS: Morango seco, Ginja

114

● Origem: Itália

PADRÃO BORGONHA

FRESCO

ATÉ 5 ANOS

$ $ $ $ $
R$60-R$100

DIFERENÇAS REGIONAIS: Ao comparar vinhos Barbera de regiões distintas, você vai notar algumas diferenças de aroma:

 GELEIA DE AMORA-SILVESTRE E ALCAÇUZ
Vinhos mais alcoólicos com mais aromas de frutas.
● CALIFÓRNIA
● ARGENTINA

 AMORA E ERVAS
Vinhos mais leves, com aromas de torta de frutas e ervas.
● PIEMONTE, ITÁLIA

ESTILOS COMUNS: O Barbera é elaborado de duas formas que resultam em perfis diferentes:

 SEM CARVALHO = FRUTAS VERMELHAS
Amadurecido em aço inoxidável, o Barbera exibe aromas de ginja, alcaçuz e de ervas, além de um ligeiro sabor picante.

 COM CARVALHO = CHOCOLATE
Amadurecido em carvalho, o Barbera perde parte da acidez picante e desenvolve aromas de frutas e chocolate.

Procurando um estilo em particular?
Ao buscar por um Barbera, preste atenção às descrições do vinho. A cor da fruta (vermelhas *versus* negras) muitas vezes ajuda a identificar o estilo.

É interessante notar que muitos vinhos Barbera excepcionais de Piemonte têm níveis de álcool ligeiramente mais elevados, em torno de 14% APV.

CABERNET FRANC

🔊 "ca-ber-nê frã"
ou: Chinon, Bourgueil, Bouchet, Breton

PERFIL

FRUTA ●●●●○
CORPO ●●●○○
TANINOS ●●●●○
ACIDEZ ●●●●○
ÁLCOOL ●●●○○

AROMAS DOMINANTES

MORANGO — PIMENTÃO ASSADO — AMEIXA — CASCALHO TRITURADO — PIMENTA CHILI

AROMAS POSSÍVEIS

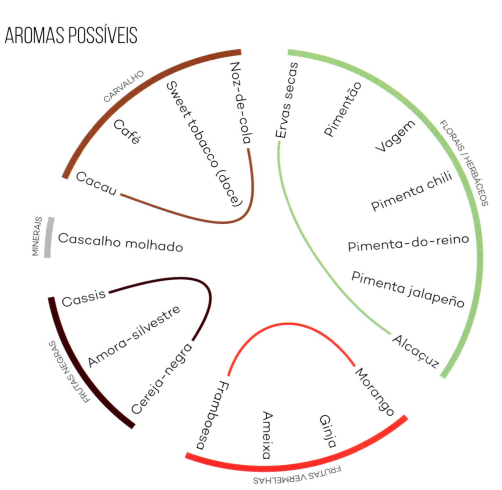

116

📍 Origem: França

ONDE É CULTIVADA

35.500 HECTARES

◀ FRANÇA
◀ ITÁLIA
◀ ESTADOS UNIDOS
◀ HUNGRIA
◀ CHILE
◀ ÁFRICA DO SUL
◀ OUTROS LUGARES

TINTO

FRESCO

ATÉ 5 ANOS

$ $ $ $ $
R$100-R$170

Ginja — Pimentão assado — Morango maduro — Framboesa-negra

CLIMA FRIO — CLIMA QUENTE

DIFERENÇAS REGIONAIS: Ao comparar vinhos com 100% de uvas Cabernet Franc de diferentes regiões, você vai perceber os seguintes aromas secundários:

 PIMENTÃO VERMELHO
• Loire, França.

 GELEIA DE MORANGO
• Lodi, Califórnia, Estados Unidos.

 COURO
• Friuli, Itália.

ESTILOS COMUNS

 EM BLENDS
A Cabernet Franc é usada nos blends em Bordeaux, assumindo em geral um papel de coadjuvante.

CÍTRICO E SABOROSO
Em seu ápice, encontram-se aromas de pimenta, calda de framboesa, com um final de viva acidez.

 DOCE E SABOROSO
Um estilo com ênfase na fruta, com morangos doces secos, pimenta-verde e cedro.

Um Cabernet Franc de alta qualidade muitas vezes tem elevada acidez e taninos intensos na juventude, mas envelhece muito bem em 10-15 anos.

A Cabernet Franc é parente da Cabernet Sauvignon e da Merlot.

CARIGNAN

🔊 "ca-rri-nhã"
ou: Mazuelo, Cariñena, Carignano

PERFIL

FRUTA ●●●●
CORPO ●●●○
TANINOS ●●●○
ACIDEZ ●●●○
ÁLCOOL ●●●○

AROMAS DOMINANTES

CRANBERRY SECA — FRAMBOESA — ALCAÇUZ — ESPECIARIAS — CARNE CURADA

AROMAS POSSÍVEIS

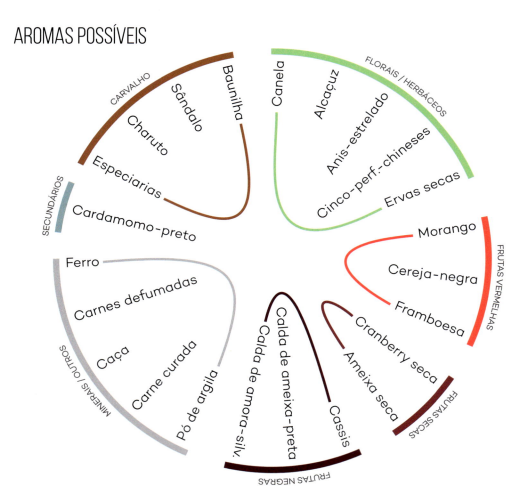

♥ Origem: Espanha

ONDE É CULTIVADA
- FRANÇA
- TUNÍSIA
- ARGÉLIA
- ESPANHA
- ITÁLIA
- MARROCOS
- ESTADOS UNIDOS
- OUTROS LUGARES

80.200 HECTARES

TINTO

FRESCO

ATÉ 5 ANOS

$ $ $ $ $
R$100-R$170

 Morango — Cassis — Amora-silvestre — Ameixa seca

CLIMA FRIO — CLIMA QUENTE

Altamente produtiva, a Carignan é uma variedade resistente à seca e cresce bem em condições desérticas. Por isso, essa uva foi historicamente cultivada em excesso e era utilizada na produção de vinho a granel de baixa qualidade.

Felizmente, vários produtores que prezam pela qualidade, localizados na região francesa de Languedoc-Roussillon e na porção central do Chile, ressuscitaram a variedade e usaram os vinhedos mais antigos para gerar vinhos bastante concentrados à base de Carignan.

O Carignan é ótimo para festas de fim de ano. O vinho combina com peru, cranberry e com abóbora assada com especiarias.

AVES

CRANBERRY

ESPECIARIAS

À procura do melhor preço? Busque por vinhos das denominações Côtes Catalanes, Faugères e Minervois em Languedoc-Roussillon. Além disso, é possível encontrar boas ofertas de vinhos da região de Carignano del Sulcis, da Sardenha, Itália.

CARMÉNÈRE

🔊 "car-me-nér"

PERFIL

FRUTA ●●●●○
CORPO ●●●○○
TANINOS ●●●○○
ACIDEZ ●●●○○
ÁLCOOL ●●●○○

AROMAS DOMINANTES

FRAMBOESA · PIMENTÃO · AMEIXA-PRETA · AMORA-SILVESTRE · BAUNILHA

AROMAS POSSÍVEIS

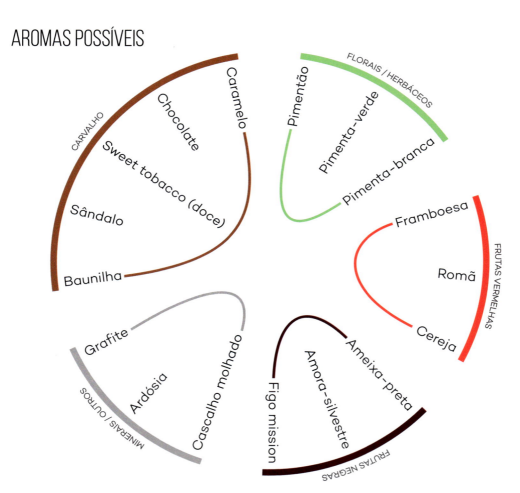

♥ Origem: França

ONDE É CULTIVADA
◀ CHILE
◀ CHINA
◀ ITÁLIA
◀ OUTROS LUGARES

11.300 HECTARES

TINTO

FRESCO

ATÉ 2 ANOS

$ $ $ $ $
R$60-R$100

 Pimentão   Framboesa Ameixa-preta Geleia

CLIMA FRIO — CLIMA QUENTE

A Carménère é uma variedade bem antiga de Bordeaux, França, com muitas semelhanças gustativas com a Merlot e a Cabernet Sauvignon.

A Carménère poderia ter se extinguido se não tivesse sido confundida com a Merlot e plantada no Chile durante o século XIX. Apenas em 1994 um teste de DNA confirmou a verdadeira identidade da Carménère.

ESTILOS COMUNS

FRUTAS VERMELHAS E PIMENTÃO
Um estilo mais leve, com curto amadurecimento em carvalho, que oferece notas de frutas vermelhas, pimentão, páprica e cacau em pó.

MIRTILO E CHOCOLATE
Um estilo mais rico que utiliza um amadurecimento mais longo em barricas. Apresenta aromas de mirtilo, pimenta-do-reino, chocolate, pimenta-verde e caramelo.

A região chilena de Colchagua é muito conhecida por seus bons vinhos Carménère. Fique de olho nas sub-regiões de Los Lingues ou Apalta nas boas safras.

Hoje há menos de 8 hectares de Carménère na França.

GRENACHE

🔊 "grre-nach"
ou: Garnacha

PERFIL

FRUTA
CORPO
TANINOS
ACIDEZ
ÁLCOOL

AROMAS DOMINANTES

MORANGO SECO · AMEIXA GRELHADA · TORANJA-VERMELHA · COURO · ALCAÇUZ

AROMAS POSSÍVEIS

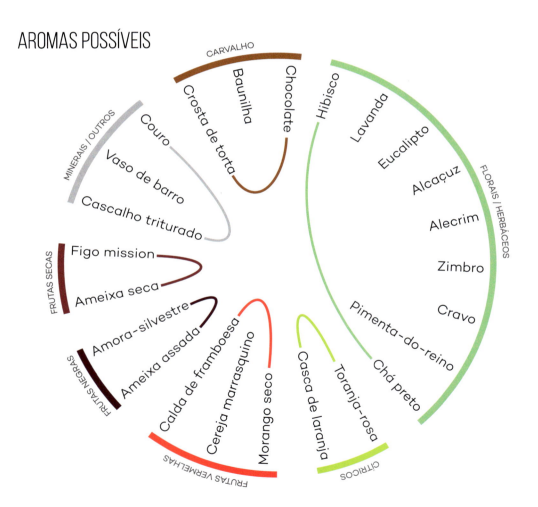

122

♀ Origem: Espanha

ONDE É CULTIVADA

185.000 HECTARES

◂ FRANÇA
◂ ESPANHA
◂ ITÁLIA
◂ ARGÉLIA
◂ ESTADOS UNIDOS
◂ AUSTRÁLIA
◂ OUTROS LUGARES

TINTO

FRESCO

ATÉ 5 ANOS

Morango seco | Calda de framboesa | Figo mission | Ameixa seca

CLIMA FRIO — CLIMA QUENTE

$ $ $ $ $
R$100-R$170

DIFERENÇAS REGIONAIS:
Ao comparar vinhos Grenache de regiões distintas, você pode notar algumas diferenças de aroma:

 FRAMBOESA E CRAVO
Vinhos com maior teor alcoólico e com mais aromas de frutas.
● ESPANHA
● AUSTRÁLIA
● ESTADOS UNIDOS

 MORANGO SECO E ERVAS
Vinhos leves e com mais aromas de ervas e tabaco.
● FRANÇA
● ITÁLIA

REGIÕES

○ CÔTES DU RHÔNE E CHÂTEAUNEUF-DU-PAPE
○ LANGUEDOC-ROUSSILLON
○ CALATAYUD E PRIORAT
○ VINOS DE MADRID
○ CANNONAU, SARDENHA
○ PASO ROBLES, CALIFÓRNIA
○ COLUMBIA VALLEY, WASHINGTON
○ SUL DA AUSTRÁLIA

Na taça, o Grenache tem uma tonalidade violeta-rubi translúcida e apresenta lágrimas largas devido ao teor alcoólico naturalmente mais elevado.

Cerca de 70% dos vinhedos da aclamada denominação Châteauneuf-du-Pape, no vale do Rhône, França, são da Grenache. Um vinho de Grenache de qualidade facilmente envelhece por 15-20 anos.

MENCÍA

🔊 "men-cí-a"
ou: Jaen, Bierzo, Ribeira Sacra

PERFIL

FRUTA
CORPO
TANINOS
ACIDEZ
ÁLCOOL

AROMAS DOMINANTES

GINJA · ROMÃ · AMORA-SILVESTRE · ALCAÇUZ · CASCALHO TRITURADO

AROMAS POSSÍVEIS

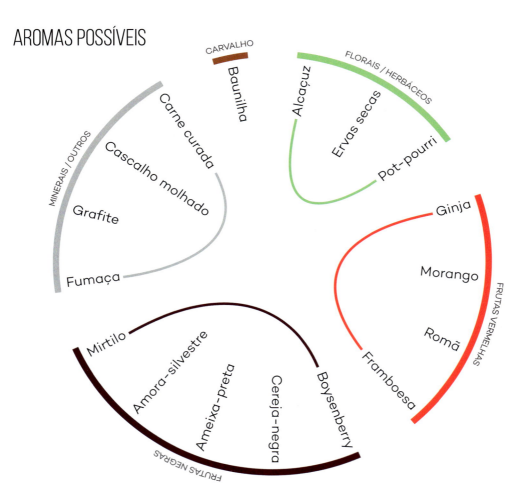

● Origem: Espanha

ONDE É CULTIVADA
◀ ESPANHA
◀ PORTUGAL

10.700 HECTARES

PADRÃO BORGONHA

TEMP. DE ADEGA

ATÉ 10 ANOS

R$100-R$170

Romã — Morango — Framboesa — Mirtilo

SAFRA FRIA — SAFRA QUENTE

A Mencía é uma uva relativamente desconhecida proveniente da península Ibérica, com aromas muito semelhantes aos das uvas Merlot de climas frios. É cultivada principalmente nas sub-regiões de Bierzo, Ribeira Sacra e Valdeorras, na Galícia, Espanha, e também no Dão, em Portugal. (Para mais detalhes, ver mapas nas pág. 203 e 227.)

Os vinhos da uva Mencía mais valorizados vêm de antigas vinhas cultivadas em encostas.

Em Portugal, a Mencía é conhecida como Jaen.

ESPANHA — NÍVEIS DE QUALIDADE: Cada sub--região tem um sistema de amadurecimento diferente, mas em geral é o seguinte:

SEM CLASSIFICAÇÃO
Sem qualquer amadurecimento em barril ou garrafa. Para mais detalhes, verifique a ficha técnica do vinho.

CRIANZA / BARRICA
Tem um amadurecimento mínimo em barril e garrafa (~6 meses).

RESERVA / GRAN RESERVA
Tem um amadurecimento máximo em barril e garrafa antes de ser comercializado (~2-4 anos).

125

MERLOT

🔊 "mer-lô"

PERFIL

FRUTA ●●●●●○
CORPO ●●●●●○
TANINOS ●●●●●○
ACIDEZ ●●●●○○
ÁLCOOL ●●●●○○

AROMAS DOMINANTES

FRAMBOESA · CEREJA-NEGRA · FRUTAS CRISTALIZADAS COM AÇÚCAR · CHOCOLATE · CEDRO

AROMAS POSSÍVEIS

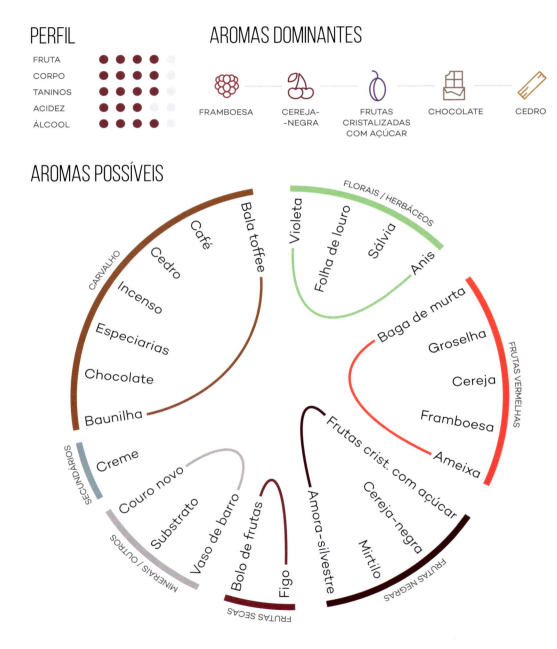

MADELINE PUCKETTE E JUSTIN HAMMACK

● Origem: França

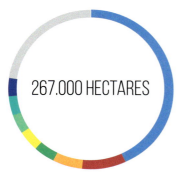

267.000 HECTARES

ONDE É CULTIVADA

◀ FRANÇA
◀ ESTADOS UNIDOS
◀ ESPANHA
◀ ITÁLIA
◀ ROMÊNIA
◀ BULGÁRIA
◀ CHILE
◀ AUSTRÁLIA
◀ OUTROS LUGARES

PADRÃO BORDEAUX

FRESCO

ATÉ 5 ANOS

$ $ $ $ $
R$60-R$100

 Groselha   Ameixa   Frutas cristalizadas com açúcar   Geleia de frutas negras

CLIMA FRIO   CLIMA QUENTE

DIFERENÇAS REGIONAIS: **REGIÕES**

Ao comparar vinhos da uva Merlot de regiões distintas, você pode notar algumas diferenças de aroma:

 AMORA-SILVESTRE E BAUNILHA
● CALIFÓRNIA
● AUSTRÁLIA
● ÁFRICA DO SUL
● ARGENTINA

 AMEIXA E CEDRO
● FRANÇA
● ITÁLIA
● ESTADO DE WASHINGTON
● CHILE

◯ BORDEAUX

◯ TOSCANA

◯ VÊNETO & FRIULI-VENEZIA GIULIA

◯ WASHINGTON

◯ SONOMA, CALIFÓRNIA

◯ NAPA, CALIFÓRNIA

◯ SUL DA AUSTRÁLIA

◯ AUSTRÁLIA OCIDENTAL

◯ ÁFRICA DO SUL

Vinhos Merlot de excelência são cultivados de forma a garantir concentração às uvas. Procure exemplares de vinhedos em encostas ou em altitudes elevadas.

Um Merlot amadurecido em carvalho americano exibe notas herbáceas marcantes de endro e cedro.

Em testes cegos, vinhos Merlot são muitas vezes confundidos com Cabernet Sauvignon, porque suas uvas são parentes próximas (ver Cabernet Franc, pág. 116-117).

127

MONTEPULCIANO

🔊 "mon-te-pul-ti-a-no"

PERFIL

FRUTA
CORPO
TANINOS
ACIDEZ
ÁLCOOL

AROMAS DOMINANTES

AMEIXA · ORÉGANO · GINJA · BOYSENBERRY · ALCATRÃO

AROMAS POSSÍVEIS

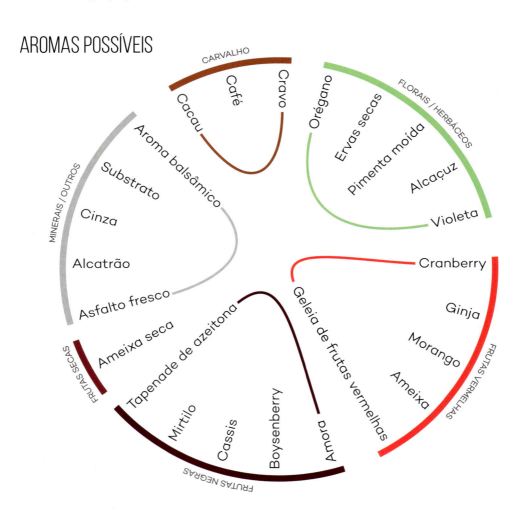

128

📍 Origem: sul da Itália

PADRÃO BORDEAUX

FRESCO

ATÉ 5 ANOS

$ $ $ $ $
R$60-R$100

A Montepulciano é a segunda uva tinta mais cultivada na Itália. A maioria dos vinhos elaborados a partir dessa uva é rotulada como "Montepulciano d'Abruzzo" e provém da região de Abruzzo, Itália.

Normalmente os vinhos Montepulciano têm aromas de frutas vermelhas semelhantes aos de Merlot. Produtores de alta qualidade, por outro lado, elaboram versões encorpadas com aromas de frutas negras que envelhecerão mais de 10 anos.

VINHOS REGIONAIS — Os vinhos Montepulciano são rotulados com seu nome regional:

- Abruzzo
  MONTEPULCIANO D'ABRUZZO
  CONTROGUERRA

- Marche
  ROSSO CONERO
  OFFIDA ROSSO DOCG
  ROSSO PICENO

- Molise
  BIFERNO

- Puglia
  SAN SEVERO

Quer qualidade? Procure um vinho com pelo menos 4 anos de idade, com preço em torno de $100-R$170 por garrafa.

O vinho Montepulciano é comumente confundido com o Vino Nobile di Montepulciano, um tinto elaborado na Toscana com a uva Sangiovese.

NEGROAMARO

🔊 "ne-gro a-má-ro"

PERFIL

FRUTA	●●●●○
CORPO	●●●●○
TANINOS	●●●●○
ACIDEZ	●●●○○
ÁLCOOL	●●●●○

AROMAS DOMINANTES

CEREJA-
-NEGRA

AMEIXA-
-PRETA

AMORA-
-SILVESTRE

AMEIXA
SECA

ERVAS
SECAS

AROMAS POSSÍVEIS

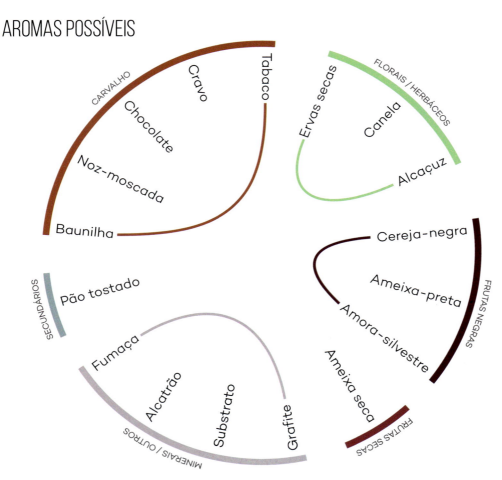

130

📍 Origem: Puglia, Itália

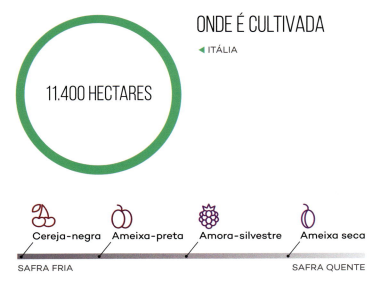

ONDE É CULTIVADA
◀ ITÁLIA

11.400 HECTARES

Cereja-negra   Ameixa-preta   Amora-silvestre   Ameixa seca

SAFRA FRIA — SAFRA QUENTE

PADRÃO BORDEAUX

FRESCO

ATÉ 5 ANOS

$ $ $ $ $
R$60-R$100

Negroamaro, ou "preto amargo", é uma uva nativa de Puglia, Itália. Cresce principalmente em direção à ponta do "calcanhar" na Puglia, junto ao mar Jônico. A região é quente, então as melhores vinhas se encontram na costa, onde temperaturas noturnas mais frias geram uvas com maior acidez natural e com tempo de maturação mais longo.

PUGLIA

VINHOS REGIONAIS
Os vinhos de Negroamaro são rotulados com seu nome regional. As seguintes regiões contêm 70-100% dos vinhedos de Negroamaro:

- Puglia
  SALICE SALENTO
  ALEZIO
  NARDO
  BRINDISI
  SQUINZANO
  MATINO
  COPERTINO

A Negroamaro é muitas vezes misturada com Primitivo (Zinfandel). Assim, os aromas de frutas vermelhas maduras da Primitivo são complementados com a estrutura de taninos, frutas negras e uma qualidade herbácea defumada da Negroamaro.

Experimente um Negroamaro com frango ao molho barbecue, pizza de cebola caramelizada, sanduíches de carne de porco, cogumelos fritos ou receitas com molho teriyaki.

RHÔNE/GSM BLEND

🔊 "rô-ne"
ou: Grenache-Syrah-Mourvèdre, Côtes du Rhône

PERFIL

FRUTA
CORPO
TANINOS
ACIDEZ
ÁLCOOL

AROMAS DOMINANTES

FRAMBOESA — AMORA-SILVESTRE — ERVAS SECAS — ESPECIARIAS — LAVANDA

AROMAS POSSÍVEIS

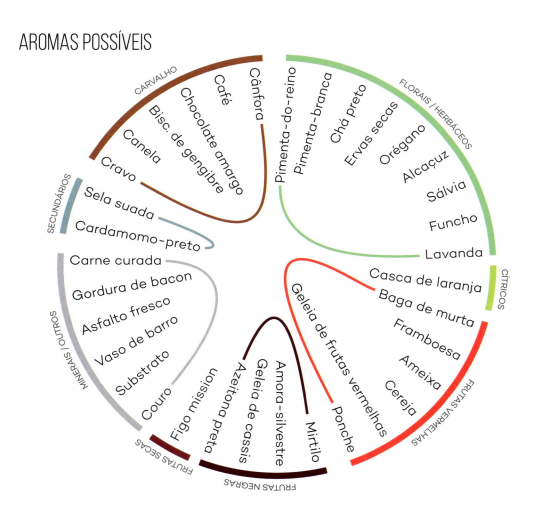

132

- Regiões produtoras: França, Espanha, Austrália, Estados Unidos, África do Sul

O BLEND
- GRENACHE
- SYRAH
- MOURVÈDRE
- CINSAUT
- CARIGNAN
- OUTRAS

440.000 HECTARES

PADRÃO BORDEAUX

FRESCO

ATÉ 5 ANOS

$ $ $ $ $
R$100-R$170

| Groselha | Ameixa | Amora-silvestre | Figo mission |

CLIMA FRIO — CLIMA QUENTE

DIFERENÇAS REGIONAIS
Ao comparar Rhône blends de regiões distintas, você pode notar algumas diferenças de aroma:

 AMORA-SILVESTRE E CRAVO
- ESPANHA
- SUL DA AUSTRÁLIA
- ÁFRICA DO SUL
- CALIFÓRNIA

 MORANGO SECO E ERVAS
- FRANÇA
- WASHINGTON

REGIÕES
- CÔTES DU RHÔNE (FRANÇA)
- LANGUEDOC-ROUSSILLON (FRANÇA)
- CATALUNHA (ESPANHA)
- ARAGÓN (ESPANHA)
- LA MANCHA E MADRI (ESPANHA)
- COSTA CENTRAL (CALIFÓRNIA)
- COLUMBIA VALLEY (WASHINGTON)
- SUL DA AUSTRÁLIA
- ÁFRICA DO SUL

Quer pagar pouco? Languedoc-Roussillon, na França, e La Mancha, na Espanha, oferecem bons preços. Escolha vinhos com altas proporções de Grenache no corte.

Os GSMs (Grenache-Syrah-Mourvèdre) de mais alta qualidade vêm de Priorat e Méntrida, na Espanha; Châteauneuf-du-Pape, na França; Barossa Valley, na Austrália; e Santa Barbara, na Califórnia.

O GUIA ESSENCIAL DO VINHO · WINE FOLLY

SANGIOVESE

🔊 "san-dio-vê-ze"
ou: Chianti, Brunello, Nielluccio, Morellino

PERFIL

FRUTA
CORPO
TANINOS
ACIDEZ
ÁLCOOL

AROMAS DOMINANTES

GROSELHA · TOMATE ASSADO · FRAMBOESA · POT--POURRI · VASO DE BARRO

AROMAS POSSÍVEIS

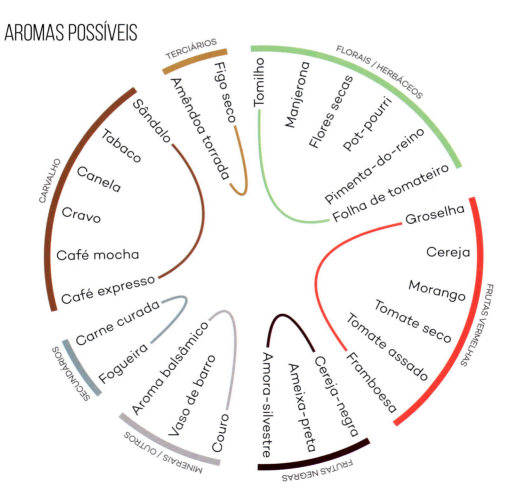

134

📍 Origem: Itália

ONDE É CULTIVADA

◀ ITÁLIA
◀ ARGENTINA
◀ FRANÇA
◀ TUNÍSIA
◀ ESTADOS UNIDOS
◀ AUSTRÁLIA
◀ OUTROS LUGARES

78.000 HECTARES

TINTO

TEMP. DE ADEGA

ATÉ 5 ANOS

R$100-R$170

Groselha — Tomate assado — Framboesa — Amora-silvestre

CLIMA FRIO — CLIMA QUENTE

ESTILOS COMUNS

RÚSTICO: TOMATE E COURO
A produção tradicional mantém os sabores herbáceos e a alta acidez da Sangiovese ao fazer o envelhecimento em barricas já bem usadas. Dessa forma, evita-se que aromas como o de baunilha sejam agregados ao vinho.

MODERNO: CEREJA E CRAVO
O estilo moderno de vinhos Sangiovese emprega amadurecimento em carvalho para agregar aromas doces, como baunilha, além de suavizar a acidez.

VINHOS REGIONAIS: Os vinhos Sangiovese são rotulados pelo nome da região. As regiões abaixo contêm 60-100% de Sangiovese:

- Toscana
  CHIANTI
  BRUNELLO DI MONTALCINO
  ROSSO DI MONTALCINO
  VINO NOBILE DI MONTEPULCIANO
  MORELLINO DI SCANSANO
  CARMIGNANO
  MONTECUCCO

- Umbria
  MONTEFALCO ROSSO

O Sangiovese harmoniza com carnes vermelhas e pratos com molho de tomate, como lasanha, massas à bolonhesa e pizza.

O Sangiovese é um dos melhores vinhos italianos, produzido principalmente na Toscana, na Campania e em Umbria.

A uva Sangiovese foi introduzida na Califórnia nos anos 1980.

O GUIA ESSENCIAL DO VINHO — WINE FOLLY

VALPOLICELLA BLEND

🔊 "val-po-li-tché-la"
ou: Amarone

PERFIL

FRUTA
CORPO
TANINOS
ACIDEZ
ÁLCOOL

AROMAS DOMINANTES

GINJA · CANELA · PIMENTA-VERDE · ALFARROBA · AMÊNDOA VERDE

AROMAS POSSÍVEIS

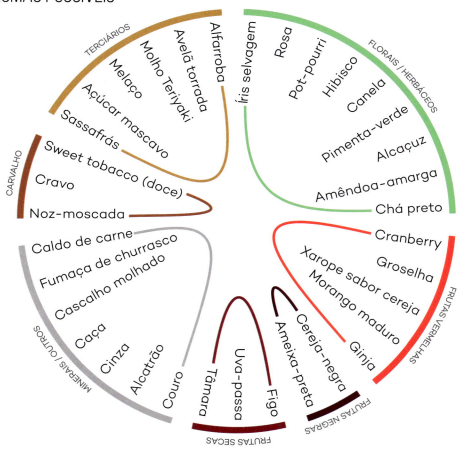

136

● Origem: Vêneto, Itália

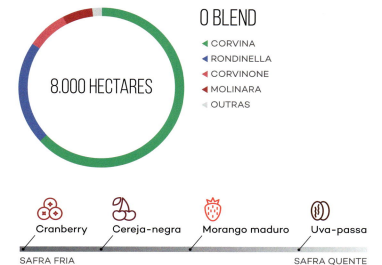

O BLEND
◀ CORVINA
◀ RONDINELLA
◀ CORVINONE
◀ MOLINARA
◀ OUTRAS

8.000 HECTARES

TINTO

TEMP. DE ADEGA

ATÉ 5 ANOS

R$60-R$100

Cranberry — Cereja-negra — Morango maduro — Uva-passa

SAFRA FRIA — SAFRA QUENTE

O Valpolicella conta com 4 uvas principais. A Corvina e a Corvinone são conhecidas por produzir os vinhos da mais alta qualidade.

 CORVINA E CORVINONE
Aromas picantes de frutas vermelhas e amêndoas verdes.

 RONDINELLA
Adiciona aromas florais e tem baixos taninos.

 MOLINARA
Conhecida pela acidez elevada.

NÍVEIS DE QUALIDADE

$ VALPOLICELLA CLASSICO
Ginja e cinzas.

$$ VALPOLICELLA SUPERIORE
Frutas negras e elevada acidez.

$$$ VALPOLICELLA SUPERIORE RIPASSO
Calda de cereja, pimenta-verde e alfarroba.

$$$$ AMARONE DELLA VALPOLICELLA
Cereja-negra, figo, sassafrás, chocolate e açúcar mascavo.

$$$$$ RECIOTO DELLA VALPOLICELLA
Uva-passa, cereja-negra, cravo e avelã torrada.

Em busca de bons preços? Alguns Ripasso têm aromas e sabores muito semelhantes ao Amarone, mas a uma fração do valor.

O Amarone e o Recioto são vinificados com o método de *apassimento*. As uvas são secas em esteiras de palha durante o inverno para concentrarem açúcares e, em seguida, são pressionadas e fermentadas muito lentamente. Os vinhos resultantes são de cor clara, mas ricos em corpo e sabor.

ZINFANDEL

🔊 "zin-fan-del"
ou: Primitivo, Tribidrag

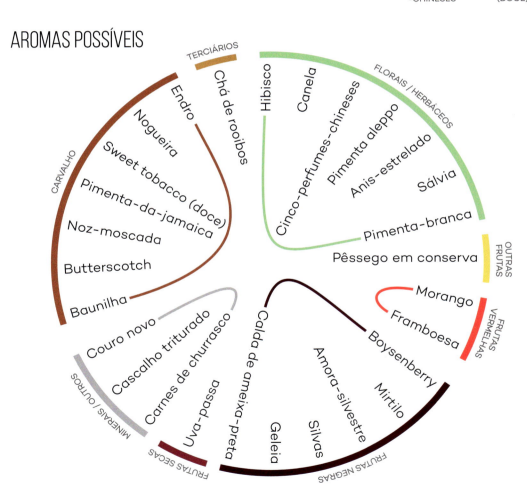

♀ Origem: Croácia

ONDE É CULTIVADA
◄ ESTADOS UNIDOS
◄ ITÁLIA
◄ OUTROS LUGARES

32.800 HECTARES

TINTO

FRESCO

ATÉ 2 ANOS

R$60-R$100

| Boysenberry | Morango | Amora-silvestre | Uva-passa |

CLIMA FRIO — CLIMA QUENTE

REGIÕES

CALIFÓRNIA
A melhor Zinfandel é cultivada nas colinas das regiões de Napa, Sonoma, Paso Robles e Sierra Foothills. Vinhas velhas excepcionais podem ser encontradas em Lodi.

ITÁLIA
Em Puglia, a maioria dos vinhos de Primitivo tem um estilo mais leve, mas é possível encontrar vinhos com uma incrível profundidade em torno de Manduria. A Primitivo muitas vezes é misturada com a Negroamaro.

ESTILOS COMUNS

FRUTAS VERMELHAS E ESPECIARIAS
Um estilo mais leve com menor teor de álcool (~13,5%) e aromas de framboesa, pétalas de rosa, bolo de especiarias, sálvia e pimenta-do-reino.

GELEIA E CARAMELO DEFUMADO
Um estilo com mais corpo e maior teor alcoólico (~15%) que oferece aromas de amora-silvestre, canela, caramelo, geleia, chocolate e tabaco defumado.

A origem da Zinfandel permaneceu um mistério até que um teste de DNA mostrou que a uva era idêntica à Primitivo, na Itália, e à Tribidrag, na Croácia, o berço da variedade. A Zinfandel costumava ser valorizada e era negociada em Veneza durante o século XV.

A Zinfandel produz naturalmente um vinho tinto estruturado. No entanto, apenas cerca de 15% da produção dos Estados Unidos é dedicada a esse estilo. O restante vai para o rosé refrescante e adocicado chamado Zinfandel branco.

Vinho tinto encorpado

AGLIANICO

BORDEAUX BLEND

CABERNET SAUVIGNON

MALBEC

MOURVÈDRE

NEBBIOLO

NERO D'AVOLA

PETIT VERDOT

PETITE SIRAH

PINOTAGE

SYRAH

TEMPRANILLO

TOURIGA NACIONAL

Vinhos tintos encorpados normalmente têm alto teor de taninos, cor rubi opaca devido à alta concentração de antocianinas e são ricos em aromas de frutas. Vinhos intensos e marcantes como estes podem ser apreciados por si sós ou com alimentos de sabores igualmente acentuados.

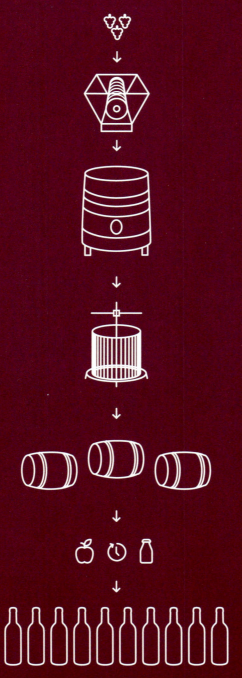

As uvas tintas são colhidas e selecionadas.

As uvas são desengaçadas dos cachos.

O mosto fermenta com as cascas em recipientes apropriados.

O líquido é separado dos resíduos sólidos (sementes, caules, cascas etc.), que são levemente prensados.

O vinho é amadurecido em barricas por um período.

Durante o amadurecimento, as bactérias malolácticas convertem o ácido málico (mais acentuado) em ácido láctico (mais brando).

Os vinhos são clarificados, engarrafados e comercializados após um período de envelhecimento.

AGLIANICO

🔊 "a-li-a-ni-co"
ou: Tourasi

PERFIL

FRUTA ●●●●○○
CORPO ●●●●●○
TANINOS ●●●●●●
ACIDEZ ●●●●●●
ÁLCOOL ●●●●○○

AROMAS DOMINANTES

PIMENTA-BRANCA · CEREJA-NEGRA · FUMAÇA · CAÇA · AMEIXA COM ESPECIARIAS

AROMAS POSSÍVEIS

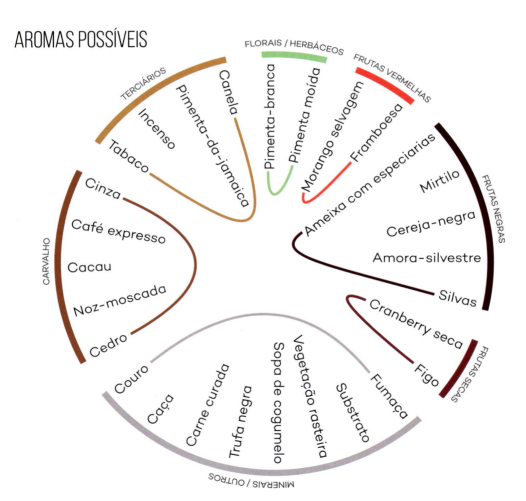

TERCIÁRIOS: Tabaco, Incenso, Pimenta-da-jamaica, Canela
FLORAIS / HERBÁCEOS: Pimenta-branca, Pimenta moída
FRUTAS VERMELHAS: Morango selvagem, Framboesa
FRUTAS NEGRAS: Ameixa com especiarias, Mirtilo, Cereja-negra, Amora-silvestre, Silvas
FRUTAS SECAS: Cranberry seca, Figo
MINERAIS / OUTROS: Fumaça, Substrato, Vegetação rasteira, Sopa de cogumelo, Trufa negra, Carne curada, Caça, Couro
CARVALHO: Cedro, Noz-moscada, Cacau, Café expresso, Cinza

MADELINE PUCKETTE E JUSTIN HAMMACK

♀ Origem: sul da Itália

ONDE É CULTIVADA
◀ ITÁLIA
◀ OUTROS LUGARES

10.000 HECTARES

Romã Ameixa Amora-silvestre Figo

SAFRA FRIA   SAFRA QUENTE

PADRÃO BORDEAUX

FRESCO

ATÉ 15 ANOS

$ $ $ $ $
R$100-R$170

A Aglianico produz vinhos de cor profunda e alto teor de taninos e acidez. É considerado um dos vinhos clássicos do sul da Itália.

A aeração melhora os aromas e sabores de vinhos tintos mais encorpados como o Aglianico. Deixe aerar por pelo menos 2 horas.

VINHOS AGLIANICO

AGLIANICO DEL VULTURE
Aromas de calda de amora--silvestre, alcaçuz e fumo. Um vinho 100% Aglianico do monte Vulture, na região italiana da Basilicata.

AGLIANICO DEL TABURNO
Aromas de cereja-negra, cranberry seca, cacau em pó, pimenta-da-jamaica e fumo. Um tinto 100% Aglianico das montanhas Taburno, na Campania.

TAURASI
Exibem aromas de framboesa, carnes defumadas e charuto. Busque por vinhos com cerca de 10 anos de idade.

IRPINIA, BENEVENTANO E CAMPANIA
Aromas de frutas negras, ervas verdes e carvão. Regiões de maior abrangência oferecem mais opções de preço. Tenha um decânter à mão.

O GUIA ESSENCIAL DO VINHO — WINE FOLLY

BORDEAUX BLEND

🔊 "bor-dô"
ou: Meritage, Cabernet-Merlot

PERFIL

FRUTA ●●●●○
CORPO ●●●●●
TANINOS ●●●●●
ACIDEZ ●●●●○
ÁLCOOL ●●●●○

AROMAS DOMINANTES

AMEIXA-PRETA · CASSIS · VIOLETA · GRAFITE · CEDRO

AROMAS POSSÍVEIS

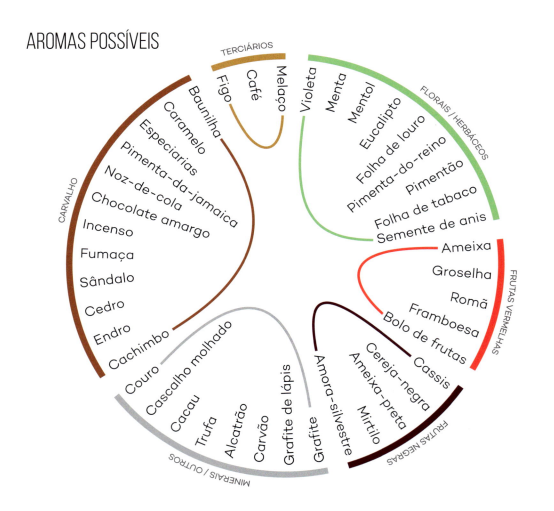

144

O BLEND

◀ CABERNET SAUVIGNON
◀ MERLOT
◀ CABERNET FRANC
◀ PETIT VERDOT
◀ MALBEC
◀ CARMÉNÈRE
◀ OUTRAS

671.000 HECTARES

PADRÃO BORDEAUX

FRESCO

ATÉ 10 ANOS

$ $ $ $ $
R$100-R$170

Grafite — Cereja-negra — Amora-silvestre — Mirtilo

CLIMA FRIO — CLIMA QUENTE

DIFERENÇAS REGIONAIS: Ao comparar Bordeaux blends de regiões distintas, você pode notar algumas diferenças de aroma:

 AMORA-SILVESTRE, MENTOL E CEDRO
Aroma de fruta negra madura com tons de mentol, chocolate e pimenta-da-jamaica. Os vinhos podem ser mais encorpados e com taninos mais maduros.

- PASO ROBLES E NAPA, CALIFÓRNIA, EUA
- AUSTRÁLIA
- MENDOZA, ARGENTINA
- ÁFRICA DO SUL
- TOSCANA, ITÁLIA
- ESPANHA

 CEREJA-NEGRA, VIOLETA E FOLHA DE LOURO
Boa acidez e aromas de frutas negras e vermelhas, com notas de violeta, pimenta-do-reino e folha de louro. Podem ser leves ao paladar devido à maior acidez.

- BORDEAUX, FRANÇA
- SUDOESTE DA FRANÇA
- CHILE
- VÊNETO, ITÁLIA
- WASHINGTON, EUA
- LITORAL DE SONOMA, CALIFÓRNIA, EUA
- MENDOCINO, CALIFÓRNIA, EUA

Os blends dominados pela Cabernet Sauvignon geralmente têm muitos taninos e notas de pimenta-verde, enquanto os blends nos quais predomina a Merlot têm taninos suaves e mais notas de frutas vermelhas.

O primeiro blend de Bordeaux a se tornar popular não era tinto, e sim um vinho de cor vermelha brilhante e muito clara, quase rosa, chamado Claret. Hoje, o Claret é raro, mas ainda pode ser encontrado sob a denominação básica Bordeaux.

CABERNET SAUVIGNON

🔊 "ca-ber-nê sô-vi-nhom"

PERFIL

FRUTA ● ● ● ● ○
CORPO ● ● ● ● ○
TANINOS ● ● ● ● ○
ACIDEZ ● ● ● ○ ○
ÁLCOOL ● ● ● ● ○

AROMAS DOMINANTES

CEREJA-NEGRA · CASSIS · PIMENTÃO · ESPECIARIAS · CEDRO

AROMAS POSSÍVEIS

CARVALHO: Cachimbo, Couro, Carvão, Fumaça, Cedro, Bala toffee, Especiarias, Noz-moscada, Baunilha, Cacau torrado, Café mocha, Café

MINERAIS / OUTROS: Cascalho molhado, Grafite, Grafite de lápis, Pó de argila

FRUTAS SECAS: Figo, Ameixa seca

FRUTAS NEGRAS: Geleia de frutas negras, Ameixa-preta, Amora-silvestre, Boysenberry, Cereja-negra, Cassis

FRUTAS VERMELHAS: Framboesa, Groselha, Cranberry

FLORAIS / HERBÁCEOS: Pimenta jalapeño, Ervas secas, Pimentão, Pimenta-do-reino, Orégano, Eucalipto, Menta, Violeta

146

📍 Origem: França

ONDE É CULTIVADA

◀ FRANÇA
◀ CHILE
◀ EUA
◀ AUSTRÁLIA
◀ ESPANHA
◀ CHINA
◀ ARGENTINA
◀ ITÁLIA
◀ ÁFRICA DO SUL
◀ OUTROS LUGARES

290.000 HECTARES

PADRÃO BORDEAUX

FRESCO

ATÉ 10 ANOS

$ $ $ $ $
R$60-R$100

 Groselha   Cassis   Cereja-negra   Amora-silvestre

CLIMA FRIO — CLIMA QUENTE

DIFERENÇAS REGIONAIS: Ao comparar os vinhos de Cabernet Sauvignon de diferentes regiões, você pode notar algumas diferenças de aromas:

FRUTAS NEGRAS, PIMENTA--DO-REINO E CACAU
Regiões de clima quente dão aos vinhos um caráter mais frutado, maior teor alcoólico e taninos mais maduros.

- CALIFÓRNIA, EUA
- AUSTRÁLIA
- ARGENTINA
- ÁFRICA DO SUL
- CENTRO E SUL DA ITÁLIA
- ESPANHA

FRUTAS VERMELHAS, MENTA E PIMENTA-VERDE
O Cabernet de clima frio tende a apresentar aromas de frutas vermelhas e um corpo mais leve.

- BORDEAUX, FRANÇA
- CHILE
- NORTE DA ITÁLIA
- WASHINGTON, EUA
- NORTE DA CALIFÓRNIA, EUA

A Cabernet Sauvignon é um cruzamento natural entre a Cabernet Franc e a Sauvignon Blanc, que apareceu pela primeira vez em Bordeaux em meados do século XVII. Hoje, é a uva vinífera mais cultivada no mundo.

MALBEC

🔊 "mal-béc"
ou: Côt

PERFIL

FRUTA
CORPO
TANINOS
ACIDEZ
ÁLCOOL

AROMAS DOMINANTES

AMEIXA — MIRTILO — BAUNILHA — SWEET TOBACCO (DOCE) — CACAU

AROMAS POSSÍVEIS

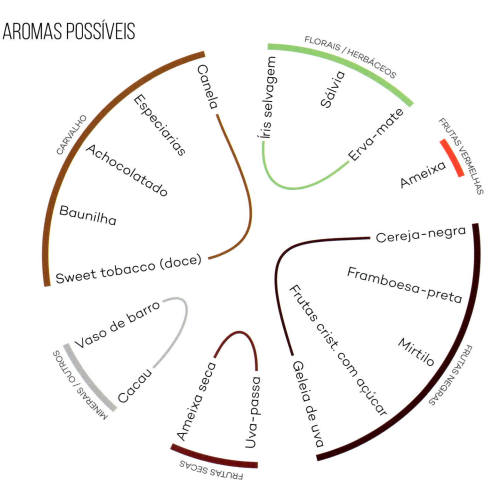

📍 Origem: sudoeste da França

ONDE É CULTIVADA

40.600 HECTARES

◄ ARGENTINA
◄ FRANÇA
◄ CHILE
◄ ESTADOS UNIDOS
◄ ÁFRICA DO SUL
◄ AUSTRÁLIA
◄ ITÁLIA
◄ OUTROS LUGARES

TINTO

FRESCO

ATÉ 2 ANOS

$ $ $ $ $
R$60-R$100

Ameixa

Cereja-negra

Frutas cristalizadas com açúcar

Mirtilo

CLIMA FRIO — CLIMA QUENTE

A Malbec é original do sudoeste da França, em torno da cidade de Cahors, mas o vinho dessa região nunca foi considerado importante até a Argentina reviver a variedade. Hoje, o país sul-americano produz mais de 75% dos vinhos Malbec do mundo.

A maioria dos Malbec da Argentina vem da província de Mendoza, com os melhores vinhos provenientes das áreas de mais altitude, como a região do vale do Uco e o município de Luján de Cuyo.

ESTILOS COMUNS

MALBEC BÁSICO
Um estilo suculento de Malbec com aromas dominantes de frutas vermelhas e taninos equilibrados, elaborado com pouco ou nenhum amadurecimento em carvalho.

RESERVA MALBEC
Os Malbec de alta qualidade em geral amadurecem em carvalho por mais tempo e oferecem aromas de frutas negras, chocolate, sweet tobacco (espécie de doce de coco) e notas sutis de íris selvagem.

Na Argentina, a altitude é um indicador-chave de qualidade quando se trata de Malbec. Os Malbec de regiões mais altas terão mais acidez e taninos, com notas adicionais de flores e ervas.

Na França, o Malbec é produzido principalmente na cidade de Cahors, no sudoeste francês. Esse vinho tem um perfil mais terroso, muito diferente do Malbec argentino. É provável que você encontre taninos mais elevados e aromas de groselha, fumaça e alcaçuz.

MOURVÈDRE

🔊 "mur-vé-drre"
ou: Monastrell, Mataro

PERFIL

FRUTA
CORPO
TANINOS
ACIDEZ
ÁLCOOL

AROMAS DOMINANTES

AMORA-SILVESTRE • PIMENTA-DO-REINO • CACAU • SWEET TOBACCO (DOCE) • CARNE ASSADA

AROMAS POSSÍVEIS

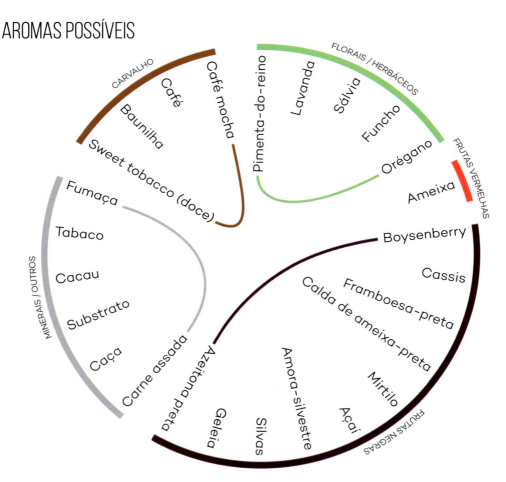

150

📍 Origem: Espanha

ONDE É CULTIVADA

- ESPANHA
- FRANÇA
- AUSTRÁLIA
- ESTADOS UNIDOS
- ÁFRICA DO SUL
- OUTROS LUGARES

70.000 HECTARES

TINTO

FRESCO

ATÉ 10 ANOS

$ $ $ $ $
R$60-R$100

 Ameixa   Boysenberry   Amora-silvestre   Geleia

CLIMA FRIO — CLIMA QUENTE

Esta variedade é muito antiga e pode ter sido introduzida na Espanha pelos fenícios que viajaram à Catalunha por volta de 500 a.C.

Mais comumente utilizada em blends de uvas, a Mourvèdre é o "M" na mistura Rhône/GSM, por exemplo. Acrescenta cor, estrutura de taninos e aromas de frutas negras.

REGIÕES

ESPANHA
Chamada de Monastrell na Espanha, é encontrada em Valencia, Jumilla, Yecla, Almansa e Alicante.

FRANÇA
Vinhos varietais de Mourvèdre são rotulados como "Bandol", uma denominação em Provence.

AUSTRÁLIA
É conhecida como Mataro e encontrada no sul do país, onde é utilizada em blends GSM.

De olho no preço? Garrafas de vinho Monastrell espanhol têm excelente valor e não necessitam de envelhecimento. Deixe o Monastrell aerar por pelo menos 1 hora.

Na Espanha, a Monastrell é usada na elaboração do espumante Cava rosé.

Na França, a Mourvèdre é utilizada em um rosé tranquilo. Você pode encontrar esse estilo sob a denominação Bandol, de Provence.

NEBBIOLO

🔊 "ne-bi-ó-lo"
ou: Barolo, Barbaresco, Spanna, Chiavennasca

PERFIL

- FRUTA: ●●●●○
- CORPO: ●●●●○
- TANINOS: ●●●●●
- ACIDEZ: ●●●●●
- ÁLCOOL: ●●●●○

AROMAS DOMINANTES

ROSA — CEREJA — COURO — VASO DE BARRO — ANIS

AROMAS POSSÍVEIS

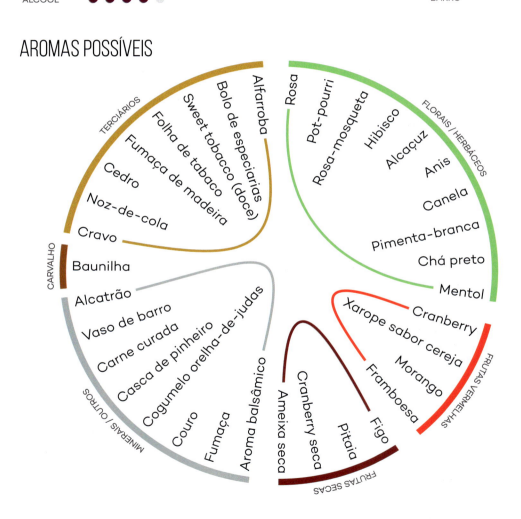

TERCIÁRIOS: Alfarroba, Bolo de especiarias, Sweet tobacco (doce), Folha de tabaco, Fumaça de madeira, Cedro, Noz-de-cola, Cravo

CARVALHO: Baunilha

MINERAIS / OUTROS: Alcatrão, Vaso de barro, Carne curada, Casca de pinheiro, Cogumelo orelha-de-judas, Couro, Fumaça, Aroma balsâmico

FRUTAS SECAS: Ameixa seca, Cranberry seca, Pitaia, Figo

FRUTAS VERMELHAS: Framboesa, Morango, Xarope sabor cereja, Cranberry

FLORAIS / HERBÁCEOS: Rosa, Pot-pourri, Rosa-mosqueta, Hibisco, Alcaçuz, Anis, Canela, Pimenta-branca, Chá preto, Mentol

152

♦ Origem: norte da Itália

ONDE É CULTIVADA
- ITÁLIA
- MÉXICO
- ARGENTINA
- AUSTRÁLIA
- ESTADOS UNIDOS
- OUTROS LUGARES

6.000 HECTARES

PADRÃO BORGONHA

TEMP. DE ADEGA

+ 15 ANOS

$ $ $ $ $
+ R$250

Cranberry — Cereja — Pitaia seca — Bolo de frutas

SAFRA FRIA — SAFRA QUENTE

Os vinhos de Nebbiolo estão entre os melhores tintos da Itália. São mais conhecidos pelos nomes de suas duas denominações principais: Barolo e Barbaresco. Vinhos de Nebbiolo são aromáticos e têm cor vermelho-clara — características de um vinho de corpo leve —, no entanto, como é naturalmente rico em taninos, o Nebbiolo pode ser caracterizado como tinto encorpado.

Os vinhos de Nebbiolo melhoram com a idade e revelam aromas sutis de melaço, figo e couro.

VINHOS REGIONAIS: O Nebbiolo é comumente rotulado com o seu nome regional. A produção das seguintes regiões é de 70-100% de vinhos de Nebbiolo:

- **Piemonte**
  BAROLO
  BARBARESCO
  NEBBIOLO D'ALBA
  LANGHE NEBBIOLO
  ROERO
  GATTINARA
  CAREMA
  GHEMME

- **Lombardia**
  VALTELLINA E SFORZATO

Ama a Nebbiolo? Vinhos rotulados como "Langhe Nebbiolo" atingem um valor excepcional em boas safras.

Em meados do século XIX, o Barolo era um vinho tinto doce.

Barolo Chinato é um vermute tinto ricamente temperado produzido com a Nebbiolo.

NERO D'AVOLA

🔊 "nê-ro dá-vo-la"
ou: Calabrese

PERFIL

FRUTA ●●●●●
CORPO ●●●●●
TANINOS ●●●●○
ACIDEZ ●●●●○
ÁLCOOL ●●●●○

AROMAS DOMINANTES

CEREJA-
-NEGRA

AMEIXA-
-PRETA

ALCAÇUZ

TABACO

PIMENTA
CHILI

AROMAS POSSÍVEIS

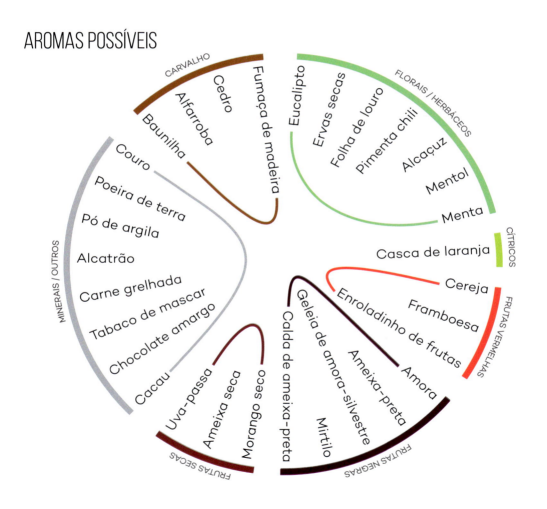

154

📍 Origem: Sicília, Itália

ONDE É CULTIVADA
◀ ITÁLIA
◀ OUTROS LUGARES

16.600 HECTARES

Cereja Framboesa Amora-silvestre Ameixa seca

SAFRA FRIA — SAFRA QUENTE

PADRÃO BORDEAUX

FRESCO

ATÉ 10 ANOS

$ $ $ $ $
R$60-R$100

Nero d'Avola é a variedade tinta mais cultivada na Sicília. Os vinhos têm aromas bem intensos de fruta madura e muitas vezes um acabamento defumado sutilmente doce.

Aromas de frutas vermelhas, pimenta-do-reino, alcaçuz e bolo de especiarias são frequentemente citados em vinhos de Nero d'Avola de qualidade.

Os sabores picantes de pimenta no Nero d'Avola tornam-se mais suaves após uma hora de aeração.

Se você gosta dos sabores de frutas vermelhas cristalizadas de Nero d'Avola, é possível desfrutá-los em outros vinhos tintos da Sicília:

- ♥ FRAPPATO
- ♥ NERELLO MASCALESE

Harmonize o Nero d'Avola com rabada, ensopado de carne ou hambúrguer com bacon. Pratos com carne de caça ou outras carnes revelam os vivos sabores de frutas maduras do vinho.

RABADA

ENSOPADO DE CARNE

HAMBÚRGUER COM BACON

PETIT VERDOT

🔊 "pê-tí ver-dô"

PERFIL

FRUTA ●●●●○
CORPO ●●●●●
TANINOS ●●●●●
ACIDEZ ●●●●○
ÁLCOOL ●●●●○

AROMAS DOMINANTES

CEREJA-NEGRA — AMEIXA-PRETA — VIOLETA — LILÁS — SÁLVIA

AROMAS POSSÍVEIS

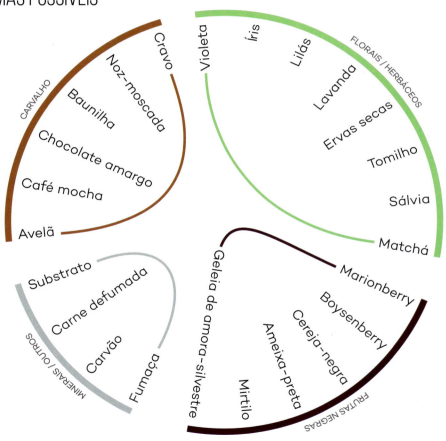

CARVALHO: Cravo, Noz-moscada, Baunilha, Chocolate amargo, Café mocha, Avelã

FLORAIS / HERBÁCEOS: Violeta, Íris, Lilás, Lavanda, Ervas secas, Tomilho, Sálvia, Matchá

MINERAIS / OUTROS: Substrato, Carne defumada, Carvão, Fumaça

FRUTAS NEGRAS: Geleia de amora-silvestre, Mirtilo, Ameixa-preta, Cereja-negra, Boysenberry, Marionberry

● Origem: França

7.200 HECTARES

ONDE É CULTIVADA

- ESPANHA
- FRANÇA
- AUSTRÁLIA
- ESTADOS UNIDOS
- ÁFRICA DO SUL
- CHILE
- ARGENTINA
- OUTROS LUGARES

PADRÃO BORDEAUX

FRESCO

ATÉ 5 ANOS

$ $ $ $ $

R$100-R$170

Ervas secas | Cereja-negra | Mirtilo | Geleia de amora-silvestre

CLIMA FRIO — CLIMA QUENTE

A Petit Verdot é muito cobiçada para o uso em blends devido à cor tinta-escura, ao alto teor de taninos e aos aromas florais. Essa uva é mais comumente usada em blends de Bordeaux.

Se quiser saborear um varietal de Petit Verdot, busque pelos produzidos nos estados americanos de Washington e da Califórnia, assim como na Espanha e na Austrália, onde o clima é suficientemente ensolarado para amadurecer a uva da forma correta.

○ ESPANHA
Encontrada em Castilla-La Mancha, acrescenta aromas de frutas negras aos vinhos estilo Bordeaux Blend.

○ BORDEAUX, FRANÇA
Os clássicos blends da "Margem Esquerda" de Bordeaux utilizam cerca de 1-2% de Petit Verdot.

○ AUSTRÁLIA E ESTADOS UNIDOS
Vinhos varietais de Petit Verdot têm aromas de mirtilo, baunilha e violeta.

Procurando por um Bordeaux Blend mais encorpado? Corra atrás de vinhos com maior proporção de Petit Verdot e/ou Petite Sirah.

O Carménère chileno mais famoso, chamado de "Purple Angel", acrescenta 10% de Petit Verdot para encorpar o vinho e acrescentar notas de frutas negras, chocolate e sálvia.

PETITE SIRAH

🔊 "pe-tit si-rrá"
ou: Durif, Petite Syrah

PERFIL

- FRUTA ●●●●●
- CORPO ●●●●●
- TANINOS ●●●●●
- ACIDEZ ●●●○○
- ÁLCOOL ●●●●●

AROMAS DOMINANTES

| FRUTAS CRISTALIZADAS COM AÇÚCAR | MIRTILO | CHOCOLATE AMARGO | PIMENTA-DO-REINO | CHÁ PRETO |

AROMAS POSSÍVEIS

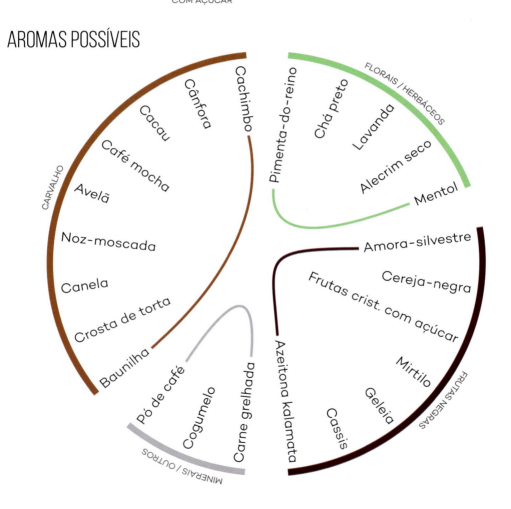

158

♥ Origem: França

ONDE É CULTIVADA
◀ ESTADOS UNIDOS
◀ OUTROS LUGARES

3.600 HECTARES

Cereja-negra · Ameixa-preta · Amora-silvestre · Ameixa seca

SAFRA FRIA — SAFRA QUENTE

TINTO

FRESCO

ATÉ 5 ANOS

$ $ $ $ $
R$100-R$170

A Petite Sirah é o cruzamento da Syrah com a Peloursin, uma rara uva tinta do sudoeste francês.

Hoje, a Petite Sirah é cultivada principalmente na Califórnia, onde muitas vezes é usada para adicionar corpo ao Cabernet Sauvignon e ao Zinfandel.

Os Petite Sirah estão entre os mais valorizados vinhos tintos encorpados. Procure por vinhos com amadurecimento mais longo em carvalho ou com uma pequena porcentagem de Zinfandel, que age para suavizar o alto teor de taninos.

Petite Sirah e outros vinhos tintos de cor concentrada e muitos taninos contêm de 2 a 3 vezes mais antioxidantes do que vinhos tintos leves e translúcidos, como Zinfandel e Gamay.

Petite Sirah vai muito bem com carnes assadas, churrascos, ensopados e massas com carne.

CHURRASCO

MASSAS COM CARNE

ENSOPADOS

PINOTAGE

🔊 "pi-no-taj"

PERFIL

FRUTA ●●●●○
CORPO ●●●●○
TANINOS ●●●●○
ACIDEZ ●●○○○
ÁLCOOL ●●●●●

AROMAS DOMINANTES

CEREJA--NEGRA · AMORA--SILVESTRE · FIGO · MENTOL · CARNE ASSADA

AROMAS POSSÍVEIS

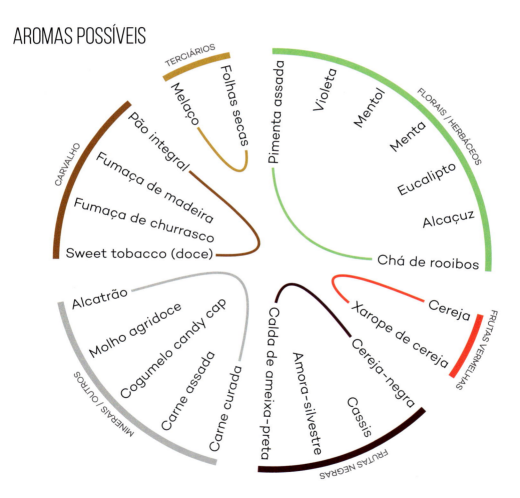

📍 Origem: África do Sul

ONDE É CULTIVADA
◀ ÁFRICA DO SUL
◀ OUTROS LUGARES

6.400 HECTARES

TINTO

FRESCO

ATÉ 5 ANOS

$ $ $ $ $
R$60–R$100

Cereja | Cereja-negra | Amora-silvestre | Figo

SAFRA FRIA — SAFRA QUENTE

A Pinotage é a quarta uva tinta mais cultivada na África do Sul. Foi criada em 1925 por um cientista que cruzou a uva Cinsaut com a Pinot Noir. O cientista em questão, Abraham Perold, buscava criar um vinho com características da Pinot Noir, mas que fosse resistente o suficiente para se desenvolver no clima da África do Sul.

Curiosamente, a Pinotage em nada se parece com as progenitoras. É um enigma.

Procure por vinhos Pinotage com descrições de aromas de frutas vermelhas e negras, pista que sugere um vinho com mais equilíbrio e complexidade.

Evite os Pinotage produzidos a granel, de baixa qualidade. Os vinhos podem ter uma nota forte de alcatrão e acetona, um sinal de acidez volátil.

VINHOS SEMELHANTES:
Se você gosta do Shiraz australiano ou do americano Petite Sirah, vai desfrutar dos aromas de frutas negras e notas de sweet tobacco nos Pinotage sul-africanos.

161

O GUIA ESSENCIAL DO VINHO — WINE FOLLY

SYRAH

🔊 "si-rrá"
ou: Shiraz

PERFIL

FRUTA
CORPO
TANINOS
ACIDEZ
ÁLCOOL

AROMAS DOMINANTES

MIRTILO — AMEIXA — CHOCOLATE AO LEITE — TABACO — PIMENTA-VERDE

AROMAS POSSÍVEIS

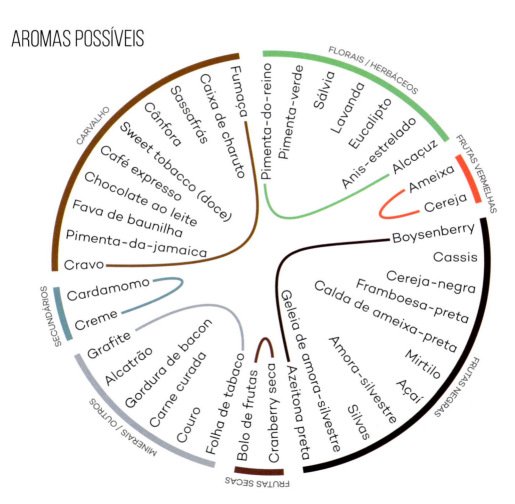

CARVALHO: Fumaça, Caixa de charuto, Sassafrás, Cânfora, Sweet tobacco (doce), Café expresso, Chocolate ao leite, Fava de baunilha, Pimenta-da-jamaica, Cravo

FLORAIS / HERBÁCEOS: Pimenta-do-reino, Pimenta-verde, Sálvia, Lavanda, Eucalipto, Anis-estrelado, Alcaçuz

FRUTAS VERMELHAS: Ameixa, Cereja

FRUTAS NEGRAS: Boysenberry, Cassis, Cereja-negra, Framboesa-preta, Calda de ameixa-preta, Mirtilo, Açaí, Amora-silvestre, Silvas

FRUTAS SECAS: Geleia de amora-silvestre, Azeitona preta, Cranberry seca, Bolo de frutas, Folha de tabaco

MINERAIS / OUTROS: Couro, Carne curada, Gordura de bacon, Alcatrão, Grafite

SECUNDÁRIOS: Creme, Cardamomo

162

📍 Origem: França

ONDE É CULTIVADA

185.600 HECTARES

- ◀ FRANÇA
- ◀ AUSTRÁLIA
- ◀ ESPANHA
- ◀ ARGENTINA
- ◀ ÁFRICA DO SUL
- ◀ ESTADOS UNIDOS
- ◀ ITÁLIA
- ◀ CHILE
- ◀ PORTUGAL
- ◀ OUTROS LUGARES

TINTO

FRESCO

ATÉ 10 ANOS

$ $ $ $ $
R$60-R$100

 Azeitona   Ameixa   Mirtilo   Geleia de amora-silvestre

CLIMA FRIO   CLIMA QUENTE

DIFERENÇAS REGIONAIS: Ao comparar os vinhos Syrah de regiões distintas, você pode notar algumas diferenças de aroma:

FRUTADO: AMORA-SILVESTRE, MIRTILO E SWEET TOBACCO

São vinhos encorpados de estilo marcadamente frutado com aromas de amora-silvestre, mirtilo, sweet tobacco, chocolate, mix de especiarias e baunilha.

- CALIFÓRNIA, EUA
- SUL DA AUSTRÁLIA
- ESPANHA
- ARGENTINA
- ÁFRICA DO SUL

SABOROSO: AMEIXAS, AZEITONA E PIMENTA-VERDE

Vinhos de médio corpo a encorpado, com aromas de ameixa, azeitona, boysenberry, couro, pimenta-verde, gordura de bacon e cacau em pó.

- RHÔNE, FRANÇA
- COLUMBIA VALLEY, WASHINGTON, EUA
- VICTORIA, AUSTRÁLIA
- AUSTRÁLIA OCIDENTAL
- CHILE

Regiões onde o Syrah é um vinho varietal:

- SUL DA AUSTRÁLIA
- NORTE DO RHÔNE
- CALIFÓRNIA, EUA
- COLUMBIA VALLEY, WASHINGTON, EUA

Regiões onde a Syrah entra no blend com outras variedades:

- CÔTES DU RHÔNE, FRANÇA
- LANGUEDOC-ROUSSILLON, FRANÇA
- CASTILLA-LA MANCHA, ESPANHA
- EXTREMADURA, ESPANHA
- CATALUNHA, ESPANHA
- VALENCIA, ESPANHA
- ARAGÓN, ESPANHA

TEMPRANILLO

🔊 "tem-pra-ni-lho"
ou: Cencibel, Tinta Roriz, Tinta de Toro, Rioja, Ribera del Duero

PERFIL

FRUTA
CORPO
TANINOS
ACIDEZ
ÁLCOOL

AROMAS DOMINANTES

CEREJA — FIGO SECO — CEDRO — TABACO — ENDRO

AROMAS POSSÍVEIS

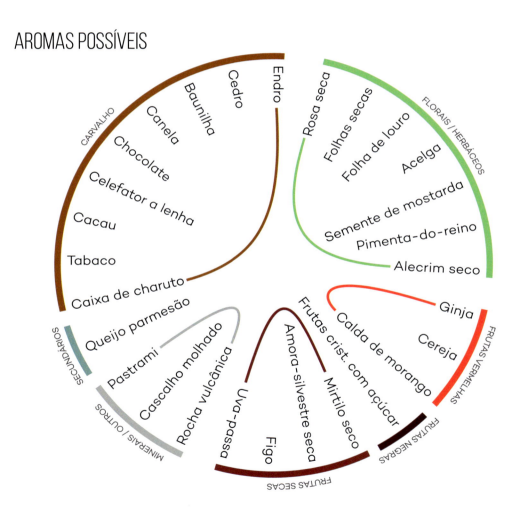

📍 Origem: Espanha

232.700 HECTARES

ONDE É CULTIVADA

- ESPANHA
- PORTUGAL
- ARGENTINA
- FRANÇA
- AUSTRÁLIA
- OUTROS LUGARES

TINTO

TEMP. DE ADEGA

ATÉ 10 ANOS

R$60-R$100

 Ginja — Calda de morango — Amora-silvestre seca — Uva-passa

SAFRA FRIA — SAFRA QUENTE

VINHOS REGIONAIS: O Tempranillo está entre os melhores vinhos tintos da Espanha. É normalmente rotulado por seu nome regional.

- La Rioja
  RIOJA
- Castilla y León
  RIBERA DEL DUERO
  CIGALES
  TORO
- La Mancha
  VALDEPEÑAS
- Extremadura
  RIBERA DEL GUADIANA

PERÍODOS DE AMADURECIMENTO: Os vinhos espanhóis podem ser identificados por períodos de amadurecimento. As regras variam de acordo com a região.

- ROBLE/TINTO
  Pouco ou nenhum.
- CRIANZA
  De 6 a 12 meses.
- RESERVA
  12 meses em carvalho e até 2 anos de envelhecimento em garrafa.
- GRAN RESERVA
  De 18 a 24 meses em carvalho 4 anos de envelhecimento em garrafa.

ESTILOS COMUNS

 JOVEM (ROBLE/CRIANZA)
Paladar suculento, aromas de frutas vermelhas, ervas e um toque picante.

AMADURECIMENTO EM CARVALHO (RESERVA)
Aromas de frutas vermelhas e negras, rosas secas e mix de especiarias.

 LONGO AMADURECIMENTO (RESERVA +)
Aromas de frutas vermelhas e negras secas, figo, canela e cedro, com notas de couro e folhas secas.

TOURIGA NACIONAL

PERFIL

FRUTA
CORPO
TANINOS
ACIDEZ
ÁLCOOL

AROMAS DOMINANTES

VIOLETA — MIRTILO — AMEIXA-PRETA — MENTA — ARDÓSIA MOLHADA

AROMAS POSSÍVEIS

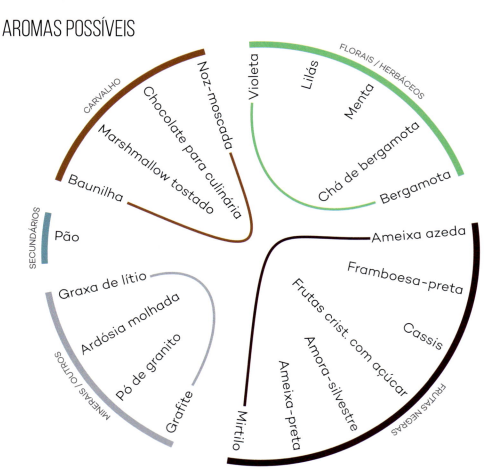

● Origem: Portugal

ONDE É CULTIVADA

◀ PORTUGAL
◀ OUTROS LUGARES

10.500 HECTARES

PADRÃO BORDEAUX

FRESCO

ATÉ 5 ANOS

$ $ $ $ $
R$100-R$170

Ameixa azeda — Framboesa-preta — Frutas cristalizadas com açúcar — Mirtilo

SAFRA FRIA ———— SAFRA QUENTE

A Touriga Nacional é uma uva tinta de coloração profunda originada no vale do Douro, em Portugal. Tem sido tradicionalmente utilizada na produção do vinho do Porto, embora vários enólogos portugueses hoje elaborem vinhos tintos secos com a Touriga Nacional e com outras variedades primárias do vinho do Porto.

Vinhos de Touriga Nacional são caracterizados por aromas exuberantes de frutas negras, taninos abundantes e uma nota sutil de violeta.

REGIÕES

◯ **DOURO**
Prováveis aromas de mirtilo, cassis, violeta, baunilha e notas sutis de carne assada. Seus taninos são finos, embora abundantes.

◯ **DÃO**
O Dão é mais frio e tem maior altitude que o Douro. A área produz vinhos com mais aromas de frutas vermelhas, bergamota e violeta, acompanhados por uma acidez picante.

◯ **ALENTEJO**
O Alentejo produz um estilo encorpado, mas suculento, com aromas de frutas negras e vermelhas, violeta, alcaçuz e, geralmente, um toque de baunilha devido ao amadurecimento em carvalho.

Existem somente 40 hectares de vinhedos de Touriga Nacional nos Estados Unidos, encontrados principalmente em Lodi, Califórnia.

Vinho de sobremesa

MADEIRA
MARSALA
PORTO
SAUTERNES
VIN SANTO
XEREZ

Os estilos dos vinhos de sobremesa variam de meio seco a extradoce. Os vinhos de sobremesa de acidez e doçura mais elevadas podem ser armazenados por muitos anos para que desenvolvam aromas sutis de nozes.

Alguns vinhos de sobremesa são elaborados com a adição de álcool (geralmente vínico) em um processo chamado de fortificação. Vinhos fortificados têm alto teor de álcool e, depois de abertos, podem ser consumidos em até um mês.

Este livro inclui alguns exemplos mais conhecidos de vinhos de sobremesa. Há, no entanto, muitas outras variações encontradas ao redor do mundo.

TIPOS DE VINHO DE SOBREMESA

VINHO FORTIFICADO
Vinhos elaborados com a adição de álcool geralmente antes de todo o açúcar da uva ser consumido na fermentação.

VINHO DE COLHEITA TARDIA
As uvas são colhidas no fim do período de amadurecimento, quando o teor de açúcar é mais elevado.

VINHO DE UVAS SECAS
Também conhecido como passito na Itália. As uvas são dispostas para secar e perder até 70% do volume de água.

ICE WINE / VINHO DE GELO
As uvas congelam enquanto ainda estão na videira, em seguida são colhidas e processadas antes de descongelar, produzindo um vinho muito doce.

VINHO BOTRITIZADO
Botrytis cinerea (ou "podridão nobre") é uma infestação fúngica que leva as uvas a murcharem e concentrarem açúcar, acrescentando ao vinho aromas de mel e gengibre.

MADEIRA

Estilo: vinho fortificado

PERFIL

- FRUTA
- CORPO
- DOCE
- ACIDEZ
- ÁLCOOL

AROMAS DOMINANTES

CARAMELO QUEIMADO · ÓLEO DE NOZES · PÊSSEGO · AVELÃ · CASCA DE LARANJA

AROMAS POSSÍVEIS

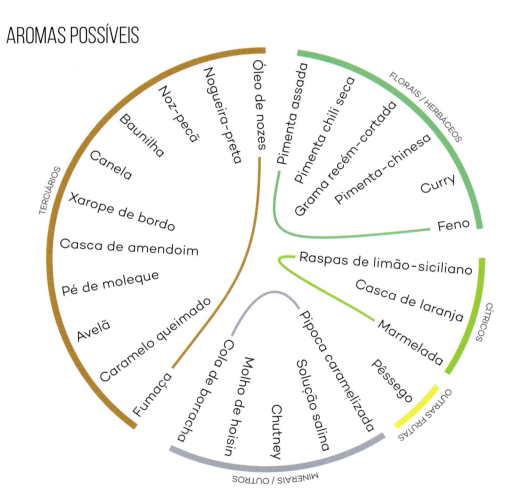

170

📍 Origem: ilha da Madeira, Portugal

400 HECTARES

- SELO DE GARANTIA
- PRODUTOR
- ESTILO
- DOÇURA
- QUALIDADE E ENVELHECIMENTO

NÍVEIS DE DOÇURA

- ◆ EXTRASSECO: 0-50 G/L AR
- ◆ SECO: 50-65 G/L AR
- ◆ MEIO SECO: 65-80 G/L AR
- ◆ MEIO DOCE: 80-96 G/L AR
- ◆ DOCE: 96+ G/L AR

ONDE É PRODUZIDO

◀ MADEIRA, PORTUGAL

MADEIRA SEM INDICAÇÃO DE SAFRA

NÍVEIS DE QUALIDADE E ENVELHECIMENTO

FINO/ESCOLHA/SELECIONADO
Envelhecido por 3 anos em Estufagem. Elaborado com a uva Tinta Negra Mole.

RAINWATER
Meio seco, envelhecido por 3 anos, normalmente um blend com Tinta Negra Mole.

5 ANOS/RESERVA/MADURO
Com envelhecimento de 5-10 anos, normalmente um blend com Tinta Negra Mole.

10 ANOS/RESERVA ESPECIAL
Envelhecido por 10-15 anos em Canteiro. Muitas vezes varietal.

15 ANOS/RESERVA EXTRA
Envelhecido por 15-20 anos em Canteiro. Muitas vezes varietal.

MADEIRA COM INDICAÇÃO DE SAFRA

COLHEITA
De safra única, envelhecido por mais de 5 anos em Canteiro. Muitas vezes varietal.

SOLERA
Blend de várias safras em Canteiro. O primeiro ano de *solera* é informado na garrafa. Esse tipo já não é mais feito.

FRASQUEIRA/GARRAFEIRA
Safra única, mais de 20 anos em Canteiro. Muito raro.

BRANCO OU SOBREMESA

TEMP. DE ADEGA

ATÉ 2 ANOS

$ $ $ $ $

R$100-R$170

 MÉTODO DE ESTUFAGEM
O vinho é aquecido em tanques durante um curto período.

 MÉTODO DE CANTEIRO
Os vinhos amadurecem naturalmente em barris, em recintos quentes ou sob o sol.

TIPOS DE MADEIRA

🍷 **TINTA NEGRA MOLE/ RAINWATER**
Vinho básico e meio doce.

🍷 **SERCIAL**
O mais leve, estilo extrasseco (sirva frio).

🍷 **VERDELHO**
Leve, aromático, de estilo de seco a meio seco (sirva frio).

🍷 **BUAL/BOAL**
Estilo meio doce, com aromas de nozes.

🍷 **MALMSEY/MALVASIA**
O estilo mais doce.

MARSALA

🔊 "mar-sá-la"
Estilo: vinho fortificado

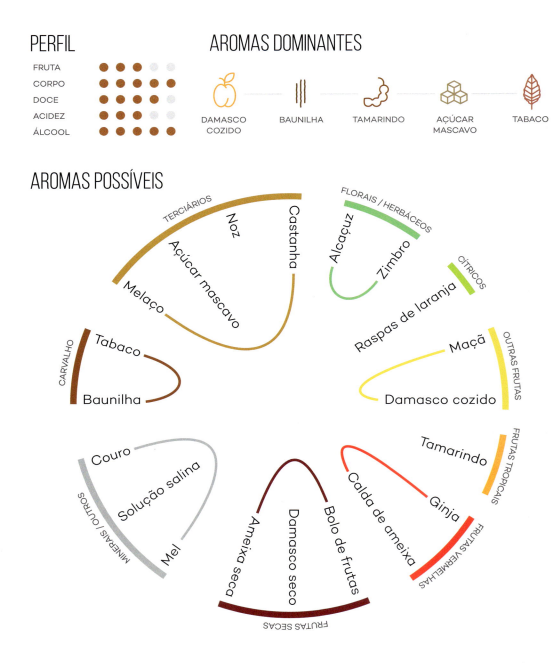

📍 Origem: Itália

ONDE É PRODUZIDO

◀ SICÍLIA, ITÁLIA

SOBREMESA

TEMP. DE ADEGA

ATÉ 2 ANOS

$ $ $ $
R$60-R$100

ESTILOS DE MARSALA

 ORO
Feito com uvas brancas.

 AMBRA
Feito com uvas brancas e mosto cozido.

 ROSSO (RUBINO)
Raro, um Marsala tinto com até 30% de uvas brancas.

AS UVAS DO MARSALA

GRILLO
CATTARATO
INZOLIA
GRECIANO

NERO D'AVOLA
PIGNATELLO
NERELLO MASCALESE

PERÍODOS DE ENVELHECIMENTO E ESTILOS

⌐ PARA COZINHAR ¬

● **FINE/FINE IP**
Todos os estilos. Com 1 ano de envelhecimento.

● **SUPERIORE**
Todos os estilos. Com 2 anos de envelhecimento.

⌐ PARA DEGUSTAR

● **SUPERIORE RISERVA**
De seco a meio seco. Envelhecido por mais de 4 anos.

● **VERGINE/VERGINE SOLERA**
Seco. Envelhecido por mais de 5 anos.

● **VERGINE (STRAVECCHIO)/ VERGINE RISERVA**
Seco. Envelhecido por mais de 10 anos.

NÍVEIS DE DOÇURA

⬢ SECCO: 0-40 G/L AR

⬢⬢ SEMISECCO: 40-100 G/L AR

⬢⬢⬢ DOLCE: 100+ G/L AR

MARSALA PARA COZINHAR

MARSALA DOCE
Use em molhos doces para carne de porco e frango ou em sobremesas como zabaglione.

MARSALA SECO
Use em entradas salgadas e para adicionar aromas de nozes a pratos como filé mignon, cogumelos, peru ou carne de vitela. Um Marsala seco costuma ser a escolha mais versátil para se ter à mão.

PORTO

Estilo: Vinho fortificado

PERFIL

FRUTA ●●●●●
CORPO ●●●●●
TANINOS ●●●●●
ACIDEZ ●●●○○
ÁLCOOL ●●●●●

AROMAS DOMINANTES

AMORA-
-SILVESTRE
MADURA

CALDA DE
FRAMBOESA

CANELA

MAÇÃ DO
AMOR

ANIS-
-ESTRELADO

AROMAS POSSÍVEIS

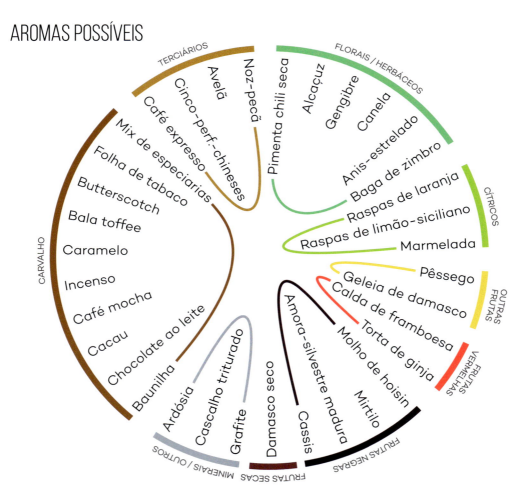

🍷 Origem: Portugal

45.000 HECTARES

ONDE É PRODUZIDO

◀ DOURO, PORTUGAL

SOBREMESA

FRESCO

+15 ANOS

$ $ $ $ $

R$60-R$100

PORTO JOVEM

Um estilo juvenil de vinho do Porto amadurecido por um curto período e feito para ser consumido de imediato. Esses vinhos costumam ter mais notas de especiarias e taninos.

- **RUBI**
  Aromas de frutas vermelhas e de chocolate, com acidez picante.
- **SAFRA DE ENGARRAFAMENTO TARDIO**
  Frutas vermelhas e negras, especiarias e cacau, com alto teor de acidez e taninos.
- **BRANCO**
  Notas de pêssego seco, pimenta-branca, raspas de tangerina e incenso.

- **ROSÉ**
  Notas de morango, mel, canela e licor de framboesa.

PORTO TAWNY

Vinhos do Porto envelhecidos em carvalho por muitos anos desenvolvem aromas de nozes devido à oxidação. Se forem envelhecidos na vinícola, podem ser apreciados imediatamente.

- **10 ANOS**
  Com aromas de framboesa, mirtilo seco, canela, cravo e caramelo.
- **20 ANOS**
  Figo, uva-passa, caramelo, raspas de laranja e canela.

- **40 ANOS**
  Damasco seco, casca de laranja, caramelo e bala toffee.

- **COLHEITA**
  Porto Tawny com indicação de safra. Os aromas podem variar conforme a idade do vinho.

PORTO DIGNO DE ENVELHECER

Vedados com rolha de cortiça padrão e projetado para envelhecer 40 anos ou mais.

- **PORTO VINTAGE**
  Vinhos do Porto safrados de anos excepcionais. Para degustar, espere envelhecer 10 anos no mínimo, mas o ideal seria entre 30 e 50 anos.
- **PORTO** *CRUSTED*
  Um Porto de mistura de safras concebido para envelhecer como um Porto Vintage. Esses vinhos muitas vezes desenvolvem uma "crosta" e precisam ser decantados com um filtro de tela.

SAUTERNES

🔊 "so-tér-ne"
Estilo: botritizado

PERFIL

FRUTA ●●●●●
CORPO ●●●○○
EXTRADOCE ●●●●●
ACIDEZ ●●●●○
ÁLCOOL ●●●○○

AROMAS DOMINANTES

CREME DE LIMÃO-SICILIANO — DAMASCO — MARMELO — MEL — GENGIBRE

AROMAS POSSÍVEIS

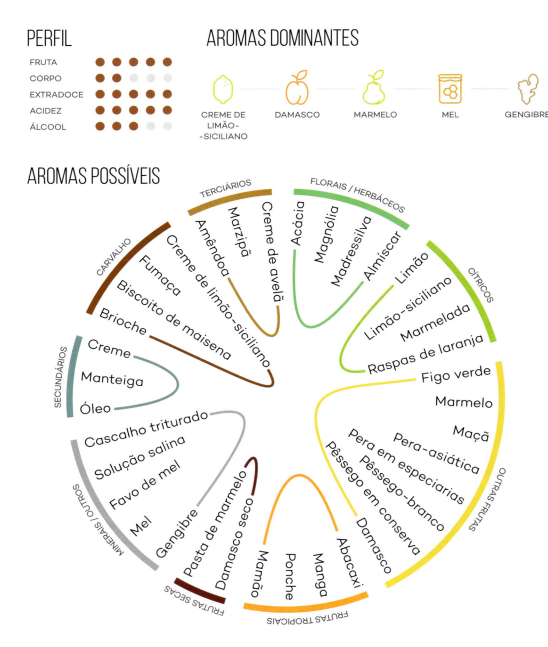

176

📍 Origem: França

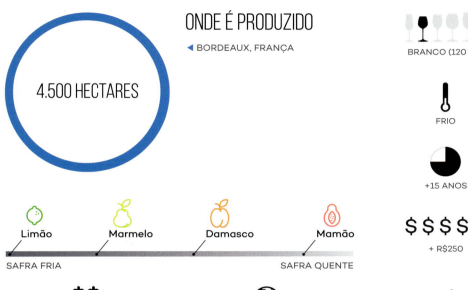

ONDE É PRODUZIDO
◀ BORDEAUX, FRANÇA

4.500 HECTARES

BRANCO (120 ML)

FRIO

+15 ANOS

+ R$250

Limão · Marmelo · Damasco · Mamão

SAFRA FRIA — SAFRA QUENTE

UVAS: Os vinhos doces de Bordeaux são elaborados exclusivamente com uvas brancas.

🍇 **SÉMILLON**
A escolha mais popular. A Sémillon adiciona corpo e notas de frutas tropicais.

🍇 **SAUVIGNON BLANC**
Adiciona notas de limão e toranja, proporcionando uma acidez viva.

🍇 **MUSCADELLE**
Representa apenas uma pequena porção do blend.

PRINCIPAIS REGIÕES: Há um grupo de regiões produtoras de vinho de sobremesa em Bordeaux, localizadas próximas ao rio, onde às vezes a podridão nobre (ver Glossário) se desenvolve nas uvas, tal qual em Sauternes.

- SAUTERNES
- BORDEAUX MOELLEUX
- BARSAC
- SAINTE-CROIX-DU-MONT
- LOUPIAC
- GRAVES SUPÉRIEURES
- PREMIÈRES CÔTES DE BORDEAUX
- CADILLAC

Alguns produtores só elaboram vinhos doces quando as uvas brancas desenvolvem a podridão nobre.

Em média, uma taça de Sauternes tem quase 17 g de açúcar por dose de 120 ml. No entanto, devido a sua acidez naturalmente elevada, o nível da sensação de doçura fica equilibrado.

VIN SANTO

Estilo: vinho de uvas secas

PERFIL

FRUTA
CORPO
EXTRADOCE
ACIDEZ
ÁLCOOL

AROMAS DOMINANTES

PERFUME — FIGO — UVA-PASSA — AMÊNDOA — BALA TOFFEE

AROMAS POSSÍVEIS

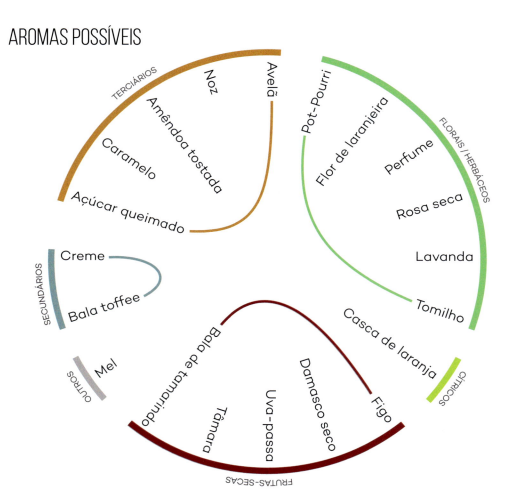

TERCIÁRIOS: Noz, Avelã, Amêndoa tostada, Caramelo, Açúcar queimado

FLORAIS / HERBÁCEOS: Pot-Pourri, Flor de laranjeira, Perfume, Rosa seca, Lavanda, Tomilho

CÍTRICOS: Casca de laranja

FRUTAS-SECAS: Figo, Damasco seco, Uva-passa, Tâmara, Bala de tamarindo

SECUNDÁRIOS: Creme, Bala toffee

OUTROS: Mel

● Origem: Itália

ONDE É PRODUZIDO
◀ REGIÃO CENTRAL DA ITÁLIA

BRANCO (120 ML)

TEMP. DE ADEGA

+15 ANOS

R$170–R$250

O Vin Santo é produzido através do método de *apassimento*. As uvas são colhidas e dispostas em esteiras de palha por até 6 meses, onde secam e perdem aproximadamente 70% da água.

UVAS → ESTEIRAS DE PALHA → UVAS PASSIFICADAS

Em seguida, as uvas passificadas são prensadas e colocadas em barris de carvalho ou de castanheira para vinificar. A fermentação é muito lenta e pode levar até 4 anos para ser concluída.

ESTILOS COMUNS

VIN SANTO BRANCO
Estilo mais comum de Vin Santo, apresenta aromas de figo seco, amêndoa e bala toffee. É elaborado principalmente com as uvas Malvasia Bianca e Trebbiano.

VIN SANTO TINTO
Estilo raro de Vin Santo — chamado Occhio de Pernice —, apresenta aromas de caramelo, café e avelã. É elaborado com uvas Sangiovese.

O Vin Santo é produzido nas regiões italianas de Umbria e Toscana. Você também pode encontrar excelentes passitos envelhecidos à base de Malvasia na Sicília, chamados Malvasia delle Lipari.

O Vin Santo é tradicionalmente degustado durante a semana da Páscoa e harmonizado com biscoitos de amêndoa.

O GUIA ESSENCIAL DO VINHO · WINE FOLLY

XEREZ

Estilo: Vinho fortificado

PERFIL

FRUTA
CORPO
MEIO SECO
ACIDEZ
ÁLCOOL

AROMAS DOMINANTES

JACA — SOLUÇÃO SALINA — LIMÃO-SICILIANO EM CONSERVA — CASTANHA-DO-PARÁ — AMÊNDOA

AROMAS POSSÍVEIS

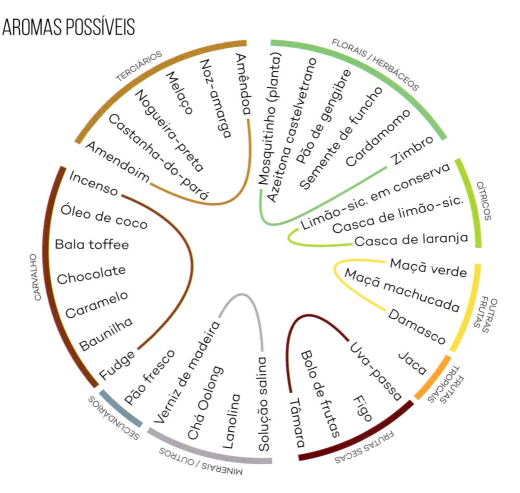

TERCIÁRIOS: Amêndoa, Noz-amarga, Melaço, Nogueira-preta, Castanha-do-pará, Amendoim, Incenso

CARVALHO: Óleo de coco, Bala toffee, Chocolate, Caramelo, Baunilha, Fudge

SECUNDÁRIOS: Pão fresco, Verniz de madeira, Chá Oolong, Lanolina, Solução salina

MINERAIS / OUTROS

FRUTAS SECAS: Tâmara, Bolo de frutas, Figo, Uva-passa

FRUTAS TROPICAIS: Jaca

OUTRAS FRUTAS: Damasco, Maçã machucada, Maçã verde

CÍTRICOS: Casca de laranja, Casca de limão-sic., Limão-sic. em conserva

FLORAIS / HERBÁCEOS: Zimbro, Cardamomo, Semente de funcho, Pão de gengibre, Azeitona castelvetrano, Mosquitinho (planta)

180

● Origem: Espanha

31.600 HECTARES

ONDE É PRODUZIDO

◀ ANDALUZIA, ESPANHA

BRANCO OU SOBREMESA (90 ML)

TEMP. DE ADEGA

ATÉ 2 ANOS

$ $ $ $ $

R$100-R$170

ESTILOS SECOS DE XEREZ

Os seguintes vinhos Xerez são produzidos com uvas Palomino Fino e se enquadram em vários estilos, dependendo do método de vinificação.

 FINO E MANZANILLA
De estilo muito leve, com toque salino e aromas de frutas. Sirva frio.

 AMONTILLADO
Estilo com aromas de nozes, um pouco mais encorpado, entre Fino e Oloroso.

 PALO CORTADO
Encorpado, com sabores tostados de café e melaço.

 OLOROSO
Estilo de cor escura e aroma de nozes, devido ao envelhecimento oxidativo de longo prazo.

ESTILOS DOCES DE XEREZ

Os Xerez doces são normalmente produzidos com as uvas Pedro Ximénez ou Muscat.

 PX / PEDRO XIMÉNEZ
O estilo mais doce, com aromas de figo e tâmara, elaborado com a uva Pedro Ximénez.

 MOSCATEL
Um estilo muito doce, com aromas de caramelo, produzido com uvas Muscat de Alexandria.

 XEREZ ADOCICADOS
Normalmente são um blend de Xerez Oloroso com PX.

 DRY: 5-45 G/L AR
 MEDIUM: 5-115 G/L AR
PALE CREAM: 45-115 G/L AR
CREAM: 115-140 G/L AR
 DULCE: 160+ G/L AR

ENVELHECIMENTO EM *SOLERA*

Os vinhos Xerez empregam uma técnica única de envelhecimento, que mistura várias safras, chamada *solera*. Consiste em camadas de fileiras de barris (de 3 a 9 fileiras) chamadas *criaderas*, sobrepostas ou em escalas:

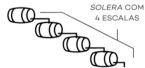

SOLERA COM 4 ESCALAS

O vinho novo entra na fileira superior, e o vinho pronto é retirado em pequenas porções da fileira inferior (a *solera*). Os vinhos "percorrem as escalas" durante pelo menos 3 anos, mas o período pode ultrapassar 50 anos. Há também um raro Xerez safrado, o Añada, que não usa o sistema de *solera*.

Regiões produtoras de vinhos

Regiões produtoras de vinhos

REGIÕES PRODUTORAS DO MUNDO

ÁFRICA DO SUL

ALEMANHA

ARGENTINA

AUSTRÁLIA

ÁUSTRIA

CHILE

ESPANHA

ESTADOS UNIDOS

FRANÇA

ITÁLIA

NOVA ZELÂNDIA

PORTUGAL

REGIÕES PRODUTORAS DO MUNDO

O vinho é produzido em mais de noventa países. Os doze incluídos neste livro representam 80% da produção mundial.

PRODUÇÃO MUNDIAL DE VINHO

◂ ITÁLIA   ◂ CHILE
◂ FRANÇA   ◂ ALEMANHA
◂ ESPANHA   ◂ PORTUGAL
◂ ESTADOS UNIDOS   ◂ ÁUSTRIA
◂ ARGENTINA ◂ NOVA ZELÂNDIA
◂ AUSTRÁLIA ◂ OUTROS
◂ ÁFRICA DO SUL

25,7 BILHÕES
DE LITROS DE VINHO
POR ANO (2012)

Com 25,7 bilhões de litros de vinho, daria para preencher uma área de 99 quarteirões de Manhattan a uma altura de 12 metros.

REGIÕES FRESCAS *VS.* REGIÕES QUENTES

O clima afeta as características do vinho. Em geral, climas frescos dão origem a vinhos com maior acidez e aromas de frutas frescas. Climas quentes são responsáveis por vinhos mais alcoólicos com aromas de frutas maduras.

CLIMA FRESCO — Limão — Maçã-verde — Maçã golden — Nectarina — Pêssego maduro — Damasco seco — CLIMA QUENTE

CLIMA MODERADO

 REGIÕES DE CLIMA FRESCO

 REGIÕES DE CLIMA MODERADO

 REGIÕES DE CLIMA QUENTE

São conhecidas por produzirem vinhos brancos finos com maior acidez. Encontramos essas regiões produtoras em zonas de latitude mais próximas dos polos, em áreas de maior elevação e em locais atingidos por brisas de ar frio.

Regiões de clima moderado geralmente produzem vinhos tintos e brancos cuja acidez varia de média a elevada.

Nessas áreas predominam vinhos tintos encorpados cuja acidez varia de moderada a baixa.

ONDE CRESCEM AS UVAS VINÍFERAS

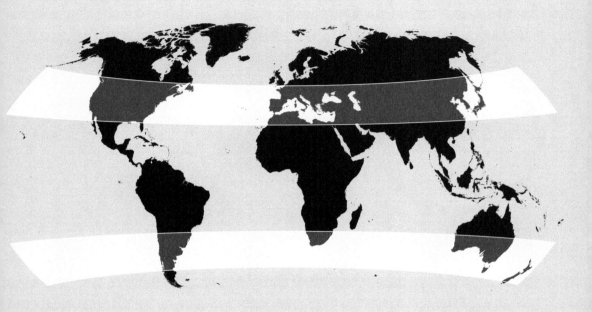

▨ ZONAS LATITUDINAIS ONDE UVAS VINÍFERAS SÃO CULTIVADAS

As zonas de latitude acima ilustram uma visão geral de onde as uvas viníferas são cultivadas. É importante destacar que algumas regiões fora destas zonas, incluindo partes do Brasil, do México e da Índia, também podem produzir uvas viníferas, devido a seus microclimas específicos.

África do Sul

A África do Sul é um país de clima quente conhecido por seus tintos secos encorpados e saborosos, bem como por seus brancos frutados. Grande parte das uvas viníferas da África do Sul é usada para produzir destilados.

REGIÕES PRODUTORAS POR TAMANHO

102.000 HECTARES

- STELLENBOSCH/FRANSCHHOEK
- PAARL
- SWARTLAND/MALMESBURY
- ROBERTSON
- BREEDEKLOOF
- OLIFANTS RIVER VALLEY
- WORCESTER
- ORANGE RIVER VALLEY
- KLEIN KAROO
- OUTRAS

MELHORES VINHOS DA ÁFRICA DO SUL

🍇 CHENIN BLANC
O principal vinho do país oferece 6 estilos: fresco e frutado; encorpado e sem madeira; encorpado e amadeirado; encorpado e adocicado; muito doce; e um espumante chamado Cap Classique.

- PAARL
- SWARTLAND
- STELLENBOSCH

🍇 CABERNET SAUVIGNON
São vinhos encorpados e herbáceos com aromas de pimenta-do-reino, cassis e notas minerais de grafite e argila.

- STELLENBOSCH
- PAARL

🍇 PINOTAGE
Produtores de qualidade oferecem vinhos com aromas de amora-silvestre, framboesa e calda de ameixa, com final agradável de sweet tobacco.

- PAARL
- STELLENBOSCH
- SWARTLAND

🍇 SHIRAZ/SYRAH
Os vinhos de Syrah são encorpados, com aromas picantes de pimenta-do-reino, alcaçuz, framboesa e calda de ameixa.

- STELLENBOSCH
- PAARL
- SWARTLAND

🍇 CHARDONNAY
A uva se desenvolve bem nas partes mais frias do sul. Seus vinhos têm notas de maçã assada, raspas de limão-siciliano e aromas de baunilha provenientes do carvalho.

- WALKER BAY
- ELGIN (A NOROESTE DE WALKER BAY)

🍇 SÉMILLON
Esses vinhos são ricos e encorpados com sabores de limão meyer, maçã golden e creme de avelã.

- FRANSCHHOEK
- STELLENBOSCH

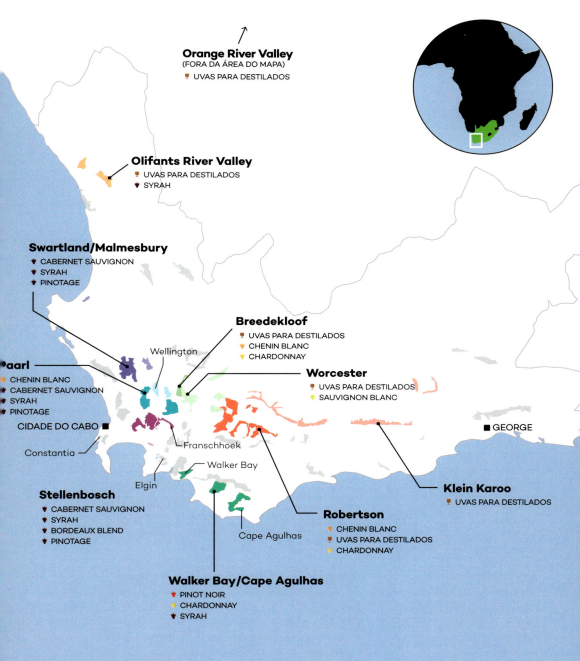

O GUIA ESSENCIAL DO VINHO WINE FOLLY

Alemanha

A Alemanha é uma região produtora de clima mais frio, conhecida principalmente por seu Riesling, bem como por um Pinot Noir maduro e rústico.

102.000 HECTARES

REGIÕES PRODUTORAS POR TAMANHO

- RHEINHESSEN
- PFALZ
- BADEN
- WÜRTTEMBERG
- MOSEL
- FRANKEN
- NAHE

- RHEINGAU
- SAALE-UNSTRUT
- AHR
- SACHSEN
- MITTELRHEIN
- HESSISCHE BERGSTRASSE

MELHORES VINHOS DA ALEMANHA

🍇 RIESLING
Principal uva alemã, conhecida por seus vinhos aromáticos, cujos estilos variam de seco (ou "trocken") até o doce vinho de gelo (ou "eiswein").
- MOSEL
- RHEINGAU
- RHEINHESSEN
- MITTELRHEIN

🍇 MÜLLER-THURGAU
Um vinho branco aromático, simples, com notas florais e de pêssego, que apresenta muitas vezes um toque adocicado.
- RHEINHESSEN
- FRANKEN
- PFALZ

🍇 PINOT NOIR
A Pinot Noir (Spätburgunder) oferece aromas de cranberry, cereja e notas sutis de terra. Os vinhos são muitas vezes comparados aos tintos da Borgonha.
- BADEN
- FRANKEN
- AHR

🍇 DORNFELDER
Um vinho tinto simples de médio corpo, com aromas doces de frutas vermelhas, notas herbáceas, taninos médios e acidez picante.
- RHEINHESSEN
- PFALZ

🍇 PINOT GRIS E PINOT BLANC
A Alemanha produz um estilo rico de Pinot Blanc (Weissburgunder) e Pinot Gris (Grauburgunder), com aromas de pêssego-branco, frutas cítricas e notas sutis de favo de mel.
- BADEN

🍇 SILVANER
Um vinho branco seco e leve, com alta acidez e aromas de raspas de frutas cítricas e maçã-verde.
- RHEINHESSEN
- FRANKEN

190

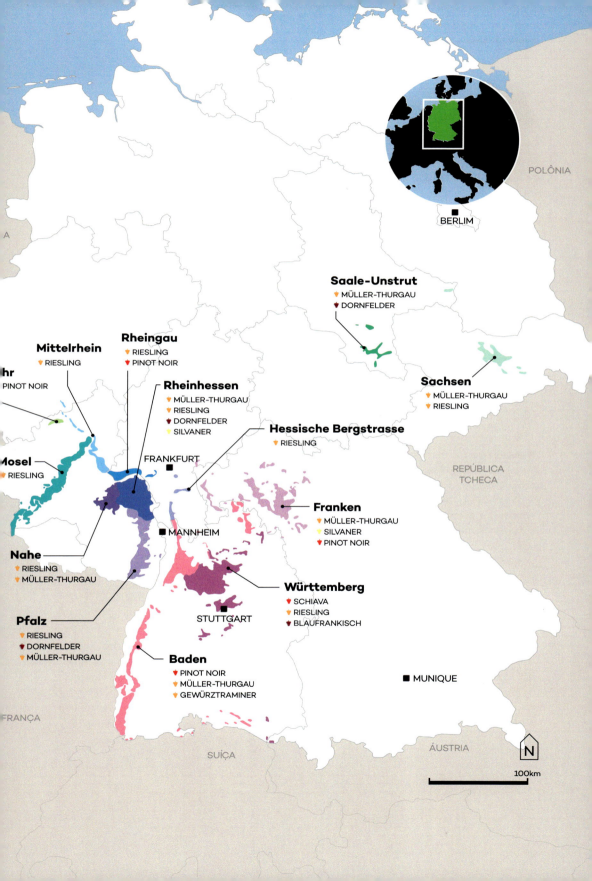

Argentina

A Argentina é uma região produtora do Novo Mundo, mais conhecida por um estilo encorpado e frutado de Malbec. O país responde por mais de 75% dos vinhos Malbec do mundo.

REGIÕES PRODUTORAS POR TAMANHO

202.000 HECTARES

◂ MENDOZA
◂ SAN JUAN
◂ LA RIOJA
◂ PATAGÔNIA
◂ SALTA
◂ CATAMARCA
◂ TUCUMÁN

MELHORES VINHOS DA ARGENTINA

🍇 MALBEC
No melhor vinho do país, é possível encontrar grande variedade de aromas, de uma suculenta e ácida framboesa a um mirtilo intenso e a sweet tobacco, dependendo da safra, da qualidade e da passagem em carvalho.

🍇 CABERNET SAUVIGNON
O Cabernet Sauvignon da Argentina oferece aromas marcantes de framboesa-negra, café mocha e folha de tabaco, com taninos médios e acidez picante.

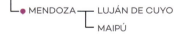

🍇 BONARDA (DOUCE NOIR)
Também conhecida como Charbono na Califórnia, a Bonarda é a segunda uva mais cultivada na Argentina. Oferece aromas de cassis, alcaçuz e ervas verdes secas.

- LA RIOJA
- MENDOZA

🍇 SYRAH
O Syrah argentino oferece aromas encorpados de boysenberry, alcaçuz, ameixa e cacau. Os melhores exemplares vêm de sub-regiões de maior altitude.

- SAN JUAN
- VALE DO UCO

🍇 TORRONTÉS
Variedade própria da Argentina, pode variar de seco e cítrico para meio seco com aromas marcantes de pêssego e goiaba.

- SALTA
- CATAMARCA
- LA RIOJA

🍇 PINOT NOIR
O Pinot Noir argentino oferece aromas de framboesas maduras, ruibarbo, minerais e ameixa com especiarias.

- PATAGÔNIA
- VALE DO UCO

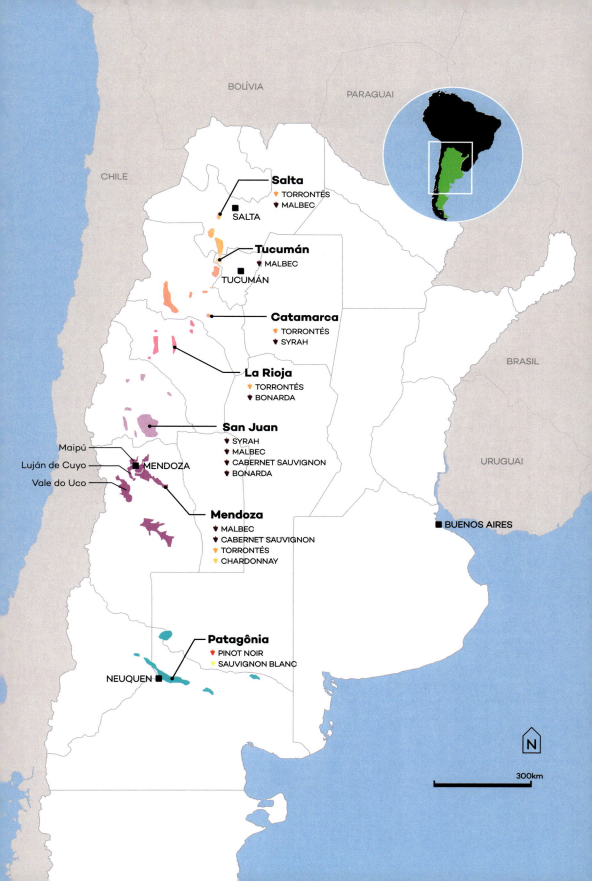

Austrália

A Austrália é mais conhecida por seu Shiraz, um estilo de Syrah encorpado, defumado e frutado. O país tem três áreas climáticas distintas e por isso oferece uma grande variedade de vinhos.

REGIÕES PRODUTORAS POR TAMANHO

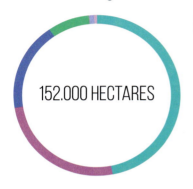

152.000 HECTARES

◂ AUSTRÁLIA MERIDIONAL
◂ NOVA GALES DO SUL
◂ VICTORIA
◂ AUSTRÁLIA OCIDENTAL
◂ TASMÂNIA
◂ QUEENSLAND

AUSTRÁLIA OCIDENTAL

 CLIMA MODERADO

É famosa por seu Chardonnay sem amadurecimento em carvalho. No entanto, a região faz uma pequena quantidade de um Cabernet Sauvignon menos encorpado, com notas de frutas negras maduras e violeta, com acidez persistente.

- CHARDONNAY S/ CARVALHO
- SAUVIGNON BLANC
- BLENDS ELEGANTES DE CABERNET E MERLOT

MERIDIONAL E CENTRAL

 CLIMA QUENTE

A maior área, famosa pelo Shiraz, pelo Sémillon e pelo Chardonnay defumados e encorpados. As microrregiões mais frias produzem excelentes Rieslings secos e petroláceos, além de um Sauvignon Blanc com notas de pêssego.

- SHIRAZ ENCORPADO
- CHARDONNAY AMANTEIGADO
- RIESLING SECO

VICTORIA E TASMÂNIA

 CLIMA FRESCO

Área bem mais fria, produz Pinot Noir e Chardonnay com excelente acidez. Esta área costuma deixar os tintos mais leves e elegantes.

- PINOT NOIR (AMEIXA)
- CHARDONNAY CREMOSO
- SAUVIGNON BLANC CÍTRICO

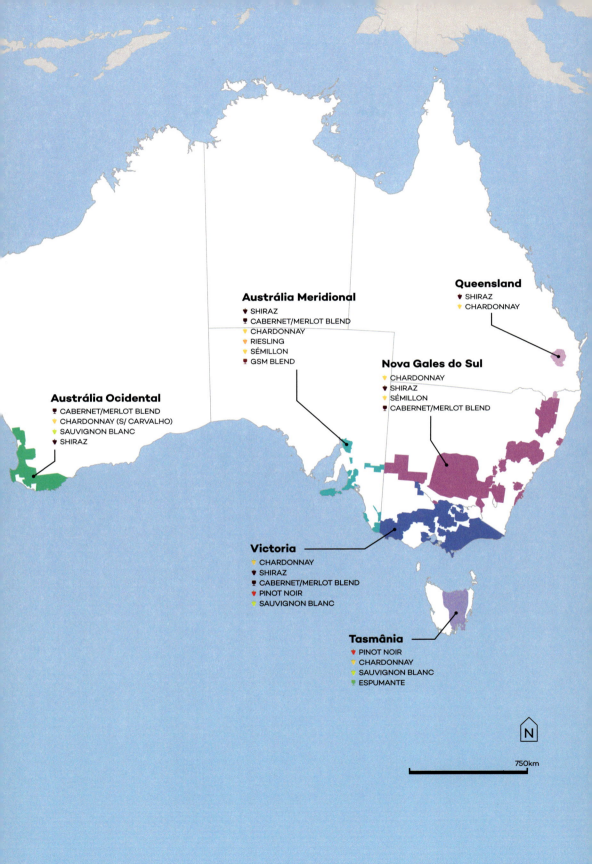

AUSTRÁLIA: DETALHES

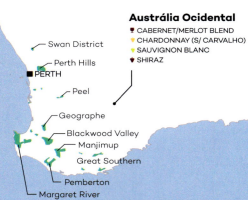

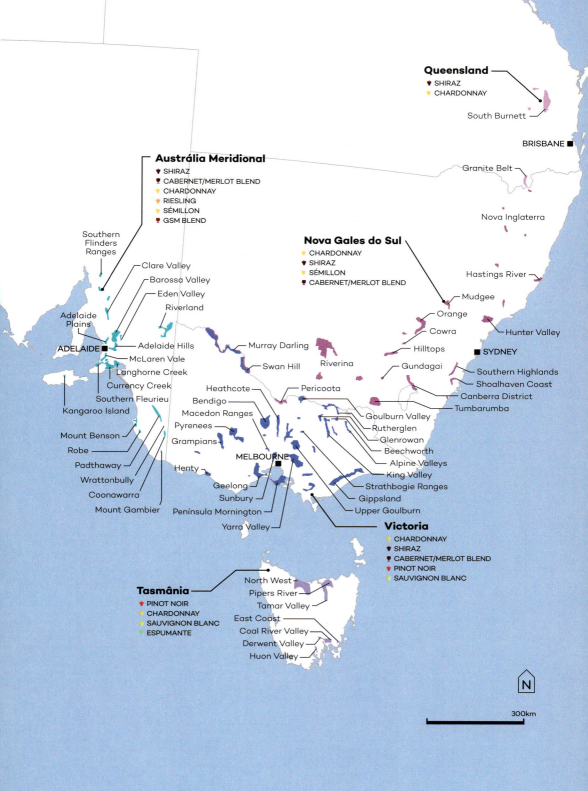

O GUIA ESSENCIAL DO VINHO   WINE FOLLY

Áustria

A Áustria é uma região de cultivo em clima fresco, famosa por vinhos de Grüner Veltliner. Também é conhecida pelos vinhos brancos minerais e pelos tintos picantes.

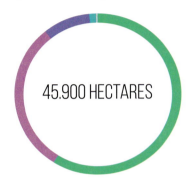

45.900 HECTARES

REGIÕES PRODUTORAS POR TAMANHO
◀ NIEDERÖSTERREICH (BAIXA ÁUSTRIA)
◀ BURGENLAND
◀ STEIERMARK (STYRIA)
◀ WIEN (VIENA)
◀ OUTRAS

MELHORES VINHOS DA ÁUSTRIA

🍾 GRÜNER VELTLINER
Vinho de maior sucesso da Áustria, pode variar desde um leve picante e cítrico até intensos rótulos do tipo Reserva, geralmente com passagem em carvalho, que apresentam mais aromas de frutas tropicais.

 Regiões de vinhos picantes
└ NIEDERÖSTERREICH
    ├ • WEINVIERTEL
    └ • TRAISENTAL

Regiões de vinhos frutados
└ NIEDERÖSTERREICH
    ├ • KREMSTAL
    ├ • KAMPTAL
    ├ • WAGRAM
    └ • WACHAU

🍇 ZWEIGELT
Um tinto leve com intenso aroma de cereja e um toque herbáceo com leve amargor no fim. Os vinhos rosés são frutados.

├ • BURGENLAND
└ • NIEDERÖSTERREICH
    ├ • CARNUNTUM
    └ • THERMENREGION

🍇 BLAUER PORTUGIESER
Tinto simples de corpo leve que apresenta aromas de frutas vermelhas e ervas resinosas com taninos leves e baixa acidez.

└ • NIEDERÖSTERREICH
    ├ • THERMENREGION
    └ • WEINVIERTEL

🍇 BLAUFRÄNKISCH
Um tinto de médio corpo, picante, com aromas de frutas vermelhas silvestres e taninos secos.

├ • BURGENLAND
└ • NIEDERÖSTERREICH
    ├ • CARNUNTUM
    └ • THERMENREGION

🍾 PINOT BLANC
Conhecido como Weissburgunder, oferece aromas florais, minerais e de ervas secas.

├ • NIEDERÖSTERREICH
└ • LEITHABERG (BURGENLAND)

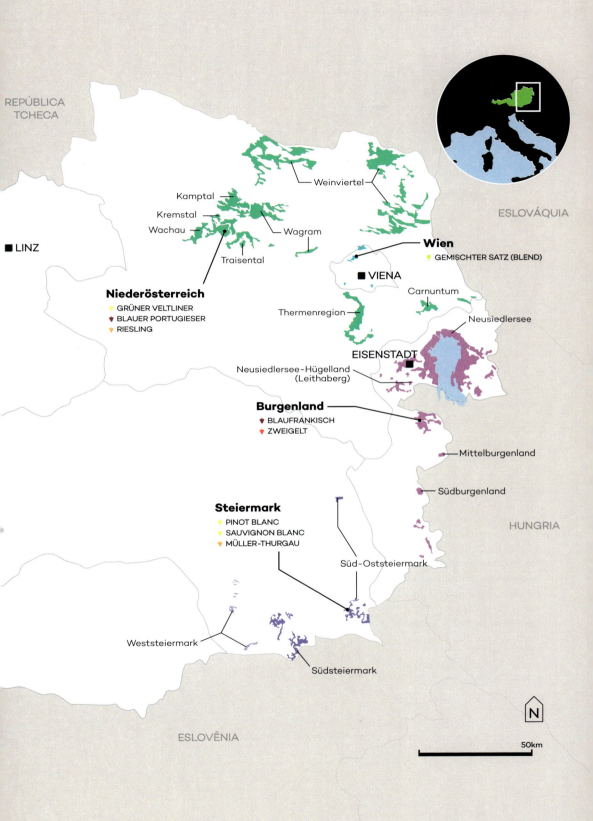

Chile

O Chile é uma região de clima fresco muito conhecida por seus blends leves e frutados ao estilo Bordeaux. O país é dividido em três áreas, entre a costa e a cordilheira dos Andes.

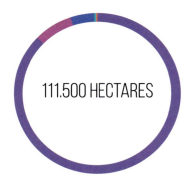

111.500 HECTARES

REGIÕES PRODUTORAS POR TAMANHO

◀ VALE CENTRAL
◀ ACONCÁGUA
◀ SUL
◀ COQUIMBO
◀ AUSTRAL
◀ ATACAMA

COSTA

 CLIMA FRESCO

A costa do Chile é afetada pela frígida corrente de Humboldt. Nessa região, destacam-se vinhos brancos com toques minerais e acidez marcante, além de Pinot Noir suculentos.

🍷 CHARDONNAY
🍷 SAUVIGNON BLANC
🍷 PINOT NOIR

VALES INTERIORES

 CLIMA MODERADO

As áreas no interior incluem a região do Vale Central e são conhecidas por seus vinhos tintos elegantes. A zona produz principalmente blends tintos ao estilo de Boudeaux com aromas de frutas vermelhas e acidez intensificada.

🍷 BORDEAUX BLEND
🍷 PETIT VERDOT
🍷 SYRAH
🍷 CARMÉNÈRE
🍷 CARIÑENA (CARIGNAN)

OS ANDES

 CLIMA MODERADO

As vinícolas mais altas na base dos Andes produzem vinhos tintos com taninos estruturados e, em boas safras, oferecem aromas marcantes de frutas maduras e acidez intensa.

🍷 SYRAH
🍷 CABERNET SAUVIGNON
🍷 CABERNET FRANC
🍷 CARMÉNÈRE

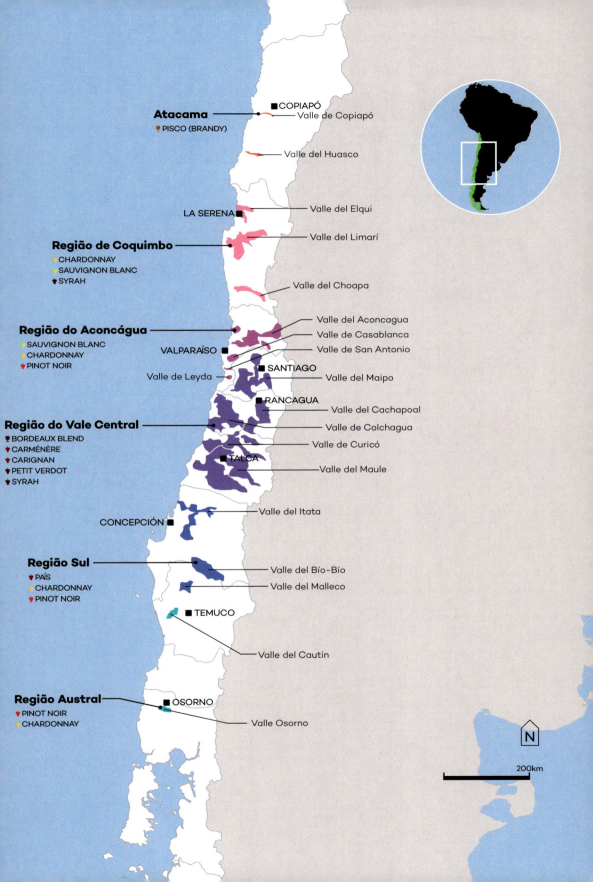

Espanha

Essa região produtora é mais conhecida por seus vinhos frutados encorpados, com sutis notas terrosas de argila. O país pode ser dividido em três grandes áreas climáticas.

1 MILHÃO DE HECTARES

REGIÕES PRODUTORAS POR TAMANHO

- ◀ CASTILLA-LA MANCHA
- ◀ VALENCIA
- ◀ EXTREMADURA
- ◀ RIOJA Y NAVARRA
- ◀ CASTILLA Y LEÓN
- ◀ CATALUNHA
- ◀ ARAGÓN
- ◀ ANDALUZIA
- ◀ GALIZA
- ◀ PAÍS BASCO
- ◀ ILHAS

ESPANHA VERDE

 CLIMA FRESCO

Os vinhos do noroeste têm alta acidez e aromas minerais e de fruta azeda.
PRODUÇÃO REGIONAL:

- 🍷 ALBARIÑO
- 🍷 MENCÍA

NORTE

 CLIMA MODERADO

Os vinhos do norte têm acidez média e aromas minerais e de fruta madura.
PRODUÇÃO REGIONAL:

- 🍷 CAVA
- 🍷 VERDEJO
- 🍷 GARNACHA (GRENACHE)
- 🍷 CARIGNAN
- 🍷 PRIORAT (GSM BLEND)
- 🍷 RIOJA (TEMPRANILLO)
- 🍷 RIBERA DEL DUERO (TEMPRANILLO)

SUL

 CLIMA QUENTE

Os vinhos do sul têm acidez média e aromas de frutas doces e argila com leve rusticidade.
PRODUÇÃO REGIONAL:

- 🍷 GARNACHA (GRENACHE)
- 🍷 MONASTRELL (MOURVÈDRE)
- 🍷 XEREZ

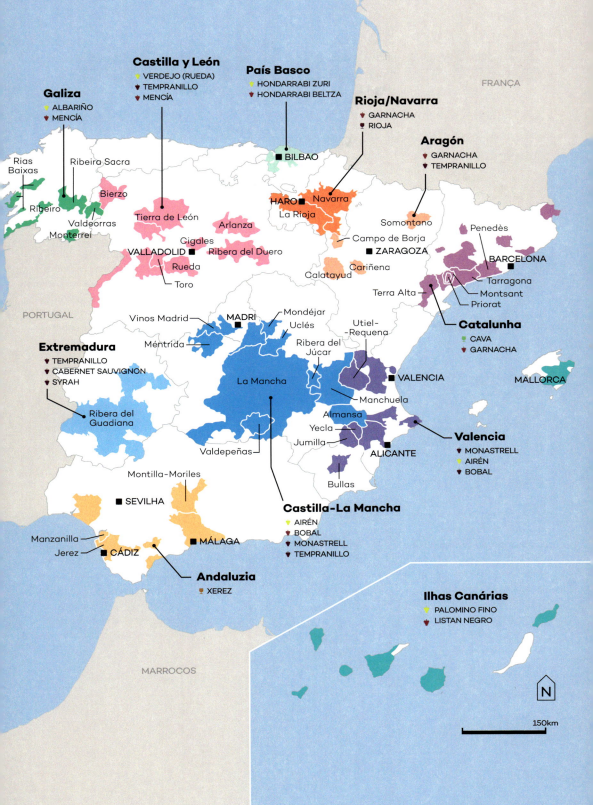

Estados Unidos

Os Estados Unidos são mais conhecidos por seus vinhos tintos e brancos intensos e frutados. Três regiões produzem a maioria dos vinhos norte--americanos.

228.000 HECTARES

REGIÕES PRODUTORAS POR TAMANHO

◀ CALIFÓRNIA
◀ NOROESTE
◀ NORDESTE
◀ MEIO-OESTE
◀ SUDESTE
◀ SUDOESTE

O QUE SÃO AVAs?

As Áreas Viticulturais Americanas (AVAs) são regiões de cultivo com características específicas que permitem a identificação de qualidades, sabores, aromas e outros traços que são únicos, encontrados apenas nos vinhos de sua origem geográfica. Existem mais de 200 AVAs.

CALIFÓRNIA

 CLIMA QUENTE/ MODERADO

Os vinhos californianos têm aromas intensos de frutas maduras e acidez média. As zonas costeiras são frescas o suficiente para o cultivo da Pinot Noir e da Chardonnay.

- CHARDONNAY
- CABERNET SAUVIGNON
- MERLOT
- PINOT NOIR
- ZINFANDEL

NOROESTE

 CLIMA MODERADO/ FRESCO

Área um pouco mais fria que a Califórnia, produz vinhos tintos com maior acidez e aromas de frutas maduras.

- BORDEAUX BLEND
- PINOT NOIR
- CHARDONNAY
- RIESLING
- PINOT GRIS

NORDESTE

 CLIMA FRESCO

Uma área de clima mais frio conhecida por suas uvas híbridas, nativas dos Estados Unidos, que sobrevivem aos invernos gelados. Seus tintos vão de ligeiramente doces a secos e rústicos. Os brancos são picantes.

- CONCORD
- NIAGARA
- ROSÉ
- MERLOT
- RIESLING

ESTADOS UNIDOS: CALIFÓRNIA

Uma ampla e diversificada região conhecida por seus vinhos com intensos aromas de fruta madura. A maioria dos vinhos da Califórnia provém de três áreas, cada uma apropriada para diferentes estilos.

REGIÕES PRODUTORAS POR TAMANHO

◀ VALES INTERIORES
◀ COSTA NORTE
◀ COSTA CENTRAL
◀ SIERRA FOOTHILLS
◀ OUTRAS

199.000 HECTARES

PRINCIPAIS REGIÕES DA CALIFÓRNIA

• COSTA NORTE

A costa norte, onde estão os vales de Napa e Sonoma, pode ser dividida em duas regiões climáticas: as áreas costeiras mais frias e as encostas e vales interiores mais quentes.

 CLIMA MODERADO
Áreas do interior de Napa, Sonoma e Lake County
- CABERNET SAUVIGNON
- ZINFANDEL
- SYRAH

 CLIMA MAIS FRIO
Áreas costeiras de Sonoma, Napa e Mendocino County
- PINOT NOIR
- CHARDONNAY
- MERLOT

• COSTA CENTRAL

A costa central pode ser separada em duas regiões climáticas distintas: os vales costeiros, que recebem a névoa da manhã, e as zonas interiores quentes e secas.

 CLIMA QUENTE
Áreas do interior, como Santa Barbara e Paso Robles
- CABERNET SAUVIGNON
- SYRAH
- ZINFANDEL

 CLIMA MAIS FRIO
Áreas costeiras de San Luis Obispo e Santa Barbara
- PINOT NOIR
- CHARDONNAY
- SYRAH

• VALES INTERIORES

Trata-se de regiões quentes e secas, mais conhecidas por uma produção comercial de vinho em larga escala. As AVAs de Madera e Lodi produzem 75% do vinho nessa área. A região tem muitas plantações de vinhas velhas de Zinfandel, Petite Sirah e de castas portuguesas, como Touriga Nacional e Muscat de Alexandria, que demonstram potencial.

- ZINFANDEL
- PETITE SIRAH
- MUSCAT DE ALEXANDRIA
- UVAS PARA DESTILADOS

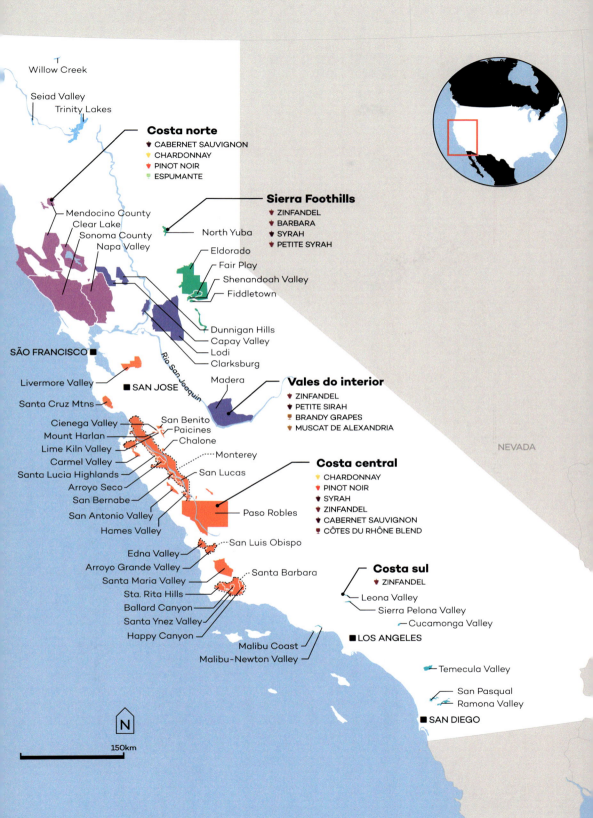

ESTADOS UNIDOS: NOROESTE

O Noroeste é caracterizado por vinhos com intensos aromas de fruta e moderada acidez. A área pode ser dividida em duas grandes regiões climáticas.

WASHINGTON

 CLIMA MODERADO

17.700 HECTARES
- CABERNET SAUVIGNON
- MERLOT
- CHARDONNAY
- RIESLING
- SYRAH
- OUTRAS

OREGON

 CLIMA FRESCO

10.300 HECTARES
- PINOT NOIR
- PINOT GRIS
- CHARDONNAY
- SYRAH
- RIESLING
- OUTRAS

MELHORES VINHOS DE WASHINGTON

🍷 **BORDEAUX BLEND**
Os Bordeaux Blend da seca e ensolarada região de Columbia Valley normalmente apresentam sabores de framboesa, amora-silvestre, chocolate ao leite e menta. Os vinhos costumam ter maior acidez, proporcionando um corpo mais leve. Exemplares de alta qualidade podem envelhecer por mais de 10 anos.

🍷 **RIESLING**
Variando de seco a doce, os Riesling de Washington saciam o paladar com sua acidez e seus aromas de pêssego, mel e limonada.

🍷 **SYRAH**
Em sua melhor expressão, o Syrah de Washington oferece aromas exuberantes de amora-silvestre com notas de azeitona, pimenta-do-reino, baunilha, cravo e bacon. A região também produz blends tintos ao estilo do Rhône, com a Grenache e a Mourvèdre.

MELHORES VINHOS DO OREGON

🍷 **PINOT NOIR**
Os melhores Pinot Noir do Oregon exibem ricos aromas picantes de cranberry, cereja, baunilha e pimenta-da-jamaica, com nota sutil de estragão. Podem ser encontrados nas subdenominações do Willamette Valley.

🍷 **PINOT GRIS**
O Pinot Gris do Oregon oferece aromas delicados de pera, nectarina e peônia. Normalmente, os vinhos são cítricos e refrescantes, produzidos em estilo seco.

🍷 **CHARDONNAY**
O clima mais frio do Willamette Valley proporciona um Chardonnay com aromas de maçã golden, limão-siciliano e abacaxi, com elevada acidez e aromas cremosos provenientes do amadurecimento em carvalho. O Chardonnay sem estágio em carvalho oferece aromas de melão, pera e maçã.

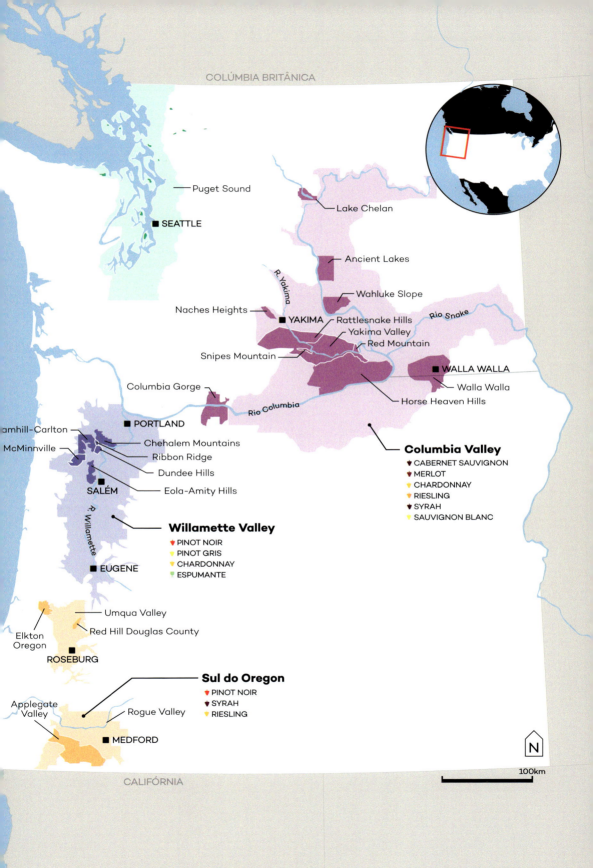

França

A França é conhecida pelos vinhos de acidez elevada com toques terrosos e minerais. O país pode ser dividido em três zonas de acordo com o clima.

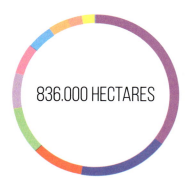

REGIÕES PRODUTORAS POR TAMANHO

836.000 HECTARES

- ◀ LANGUEDOC-ROUSSILLON
- ◀ BORDEAUX
- ◀ VALE DO RHÔNE
- ◀ VALE DO LOIRE
- ◀ SUDOESTE
- ◀ PROVENCE
- ◀ CHAMPAGNE
- ◀ BORGONHA
- ◀ BEAUJOLAIS
- ◀ ALSÁCIA
- ◀ CÓRSEGA

NORTE FRANCÊS

 CLIMA FRESCO

Os vinhos do norte francês têm acidez bastante elevada, bem como aromas minerais e de fruta fresca.

PRODUÇÃO REGIONAL:

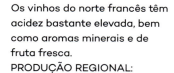

- CHAMPAGNE
- MUSCADET
- LOIRE (SAUVIGNON BLANC)
- BORGONHA (CHARDONNAY)
- LOIRE (CHENIN BLANC)
- ALSÁCIA (RIESLING)
- BORGONHA (PINOT NOIR)

FRANÇA CENTRAL

 CLIMA MODERADO

Na França Central, os vinhos apresentam acidez média, bem como aromas terrosos e de fruta fresca.

PRODUÇÃO REGIONAL:

- BORDEAUX (SÉMILLON)
- BEAUJOLAIS (GAMAY)
- BORDEAUX BLEND (TINTO)
- NORTE DO RHÔNE (SYRAH)
- SAUTERNES

FRANÇA MEDITERRÂNEA

 CLIMA MODERADO

Os vinhos da França Mediterrânea têm acidez média, aromas de frutas maduras e sabores campestres.

PRODUÇÃO REGIONAL:

- LIMOUX (ESPUMANTE)
- PROVENCE (ROSÉ)
- RHÔNE (GSM BLEND)
- CORBIERES (CARIGNAN E GSM)
- CAHORS (MALBEC)

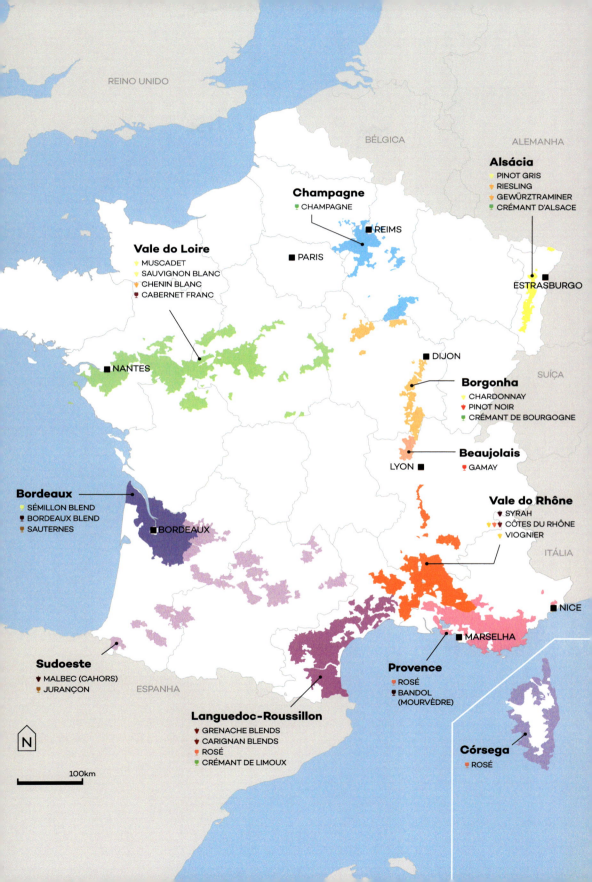

FRANÇA: BORDEAUX

As uvas Merlot e Cabernet Sauvignon, nativas da região, são usadas na composição do Bordeaux Blend. Os vinhos tintos abarcam quase 90% da produção.

CLASSIFICAÇÃO DOS TINTOS DE BORDEAUX

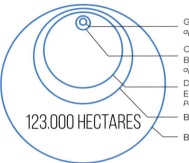

123.000 HECTARES

GRAND CRU CLASSÉ ($$$$$+)
apenas em Graves, Médoc e St.-Émillion

CRU ARTESÃO E CRU BOURGEOIS ($$$)
apenas em Médoc

DENOMINAÇÕES SUB-REGIONAIS E MUNICIPAIS ($$)
Por exemplo: "Entre-Deux-Mers"

BORDEAUX SUPÉRIEUR ($$)

BORDEAUX GENÉRICO ($)

ENCONTRANDO QUALIDADE

Preste atenção à safra e aos vinhos rotulados por sua subdenominação. O termo "Grand Vin de Bordeaux" impresso no rótulo, por exemplo, é uma indicação de que se trata do melhor vinho do produtor.

 MELHORES SAFRAS:
2010, 2009, 2008, 2005, 2003, 2000, 1998, 1990, 1989

MELHORES VINHOS DE BORDEAUX

🍷 BORDEAUX: "MARGEM ESQUERDA"
No lado oeste do rio Garonne predominam vinhos à base de Cabernet Sauvignon. Possuem uma densa estrutura de taninos e apresentam aromas de cassis, grafite de lápis, violeta, tabaco, cacau e alcaçuz. Muitos chegarão aos 20 anos.

🍷 BORDEAUX BLANC
Blend composto sobretudo pela Sémillon e a Sauvignon Blanc. Possui aromas de cítricos, de camomila, toranja e cera de abelha. Os Bordeaux Blanc mais encorpados são de Pessac--Léognan e Graves. Os Bordeaux Blanc mais leves são de Entre-Deux-Mers.

🍷 BORDEAUX: "MARGEM DIREITA"
No lado leste do rio Garonne predominam vinhos à base de Merlot e Cabernet Franc. Com taninos refinados e sedosos, esses vinhos apresentam aromas de couro, morango, figo, ameixa, baunilha, amêndoas grelhadas e fumaça. Alguns envelhecerão até 30 anos.

🍷 ROSÉ E CLAIRET
Rosés encorpados, secos e intensamente coloridos apresentam aromas de groselha, morango silvestre, peônia e rosa-mosqueta. Durante os séculos XVIII e XIX, o Clairet foi o estilo original de Bordeaux.

🍷 CÔTES DE BORDEAUX
Áreas próximas a rios são chamadas "Côtes", que significa "encosta". Os vinhos são blends de Merlot, e combinam o aroma de frutas vermelhas frescas, pimentão verde e ervas com taninos intensos e adstringentes. Estes vinhos podem envelhecer por 10 anos.

🍷 SAUTERNES
Um grupo de regiões de vinhos de sobremesa pode ser encontrado ao longo do rio Garonne. A maior denominação é Sauternes, que produz vinhos viscosos, com aromas de mel, cera e pêssego, com base na uva Sémillon.

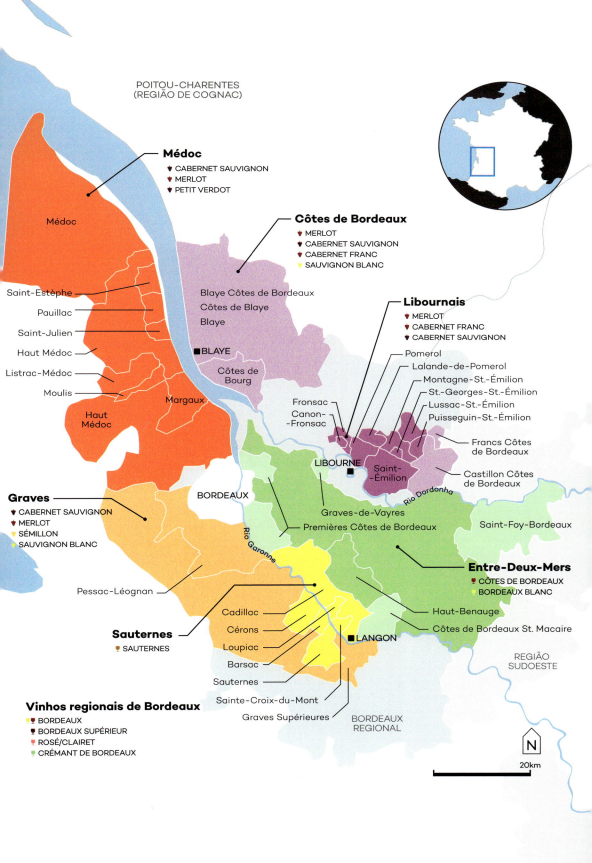

FRANÇA: BORGONHA

As uvas Chardonnay e Pinot Noir são provenientes da Borgonha. A produção é de cerca de 60% de Chardonnay, mas a região é mais conhecida por seu Pinot Noir floral e terroso.

CLASSIFICAÇÃO DOS VINHOS DA BORGONHA

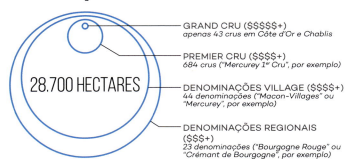

28.700 HECTARES

GRAND CRU ($$$$$+)
apenas 43 crus em Côte d'Or e Chablis

PREMIER CRU ($$$$+)
684 crus ("Mercurey 1ᵉʳ Cru", por exemplo)

DENOMINAÇÕES VILLAGE ($$$$+)
44 denominações ("Macon-Villages" ou "Mercurey", por exemplo)

DENOMINAÇÕES REGIONAIS ($$$+)
23 denominações ("Bourgogne Rouge" ou "Crémant de Bourgogne", por exemplo)

EXPRESSÕES REGIONAIS

Domaine: vinícola com vinhedos.

Negociant: pessoa ou empresa que compra uvas ou vinho e comercializa sob marca própria.

Clos: vinhedo murado.

Lieu-dit/Climat: parcela de vinhedos cujo nome é citado no rótulo.

MELHORES SAFRAS:
2013, 2012, 2011, 2010, 2009, 2005

MELHORES VINHOS DA BORGONHA

🍷 CHABLIS
Chablis produz principalmente Chardonnay sem passagem por carvalho. Possui aromas de maçã golden, maracujá e frutas cítricas, bem como elevada acidez. No nível Grand Cru, o Chablis apresenta notas tostadas devido ao carvalho.

🍷 CHARDONNAY (MÂCONNAIS)
A região de Mâconnais produz um Chardonnay mais leve e sem passagem por carvalho, com aromas de maçã golden madura, notas de raspas de limão-siciliano, damasco, e um acabamento picante. Pouilly-Fuissé, Saint-Véran e Viré-Clessé são as maiores denominações produtoras.

🍷 PINOT NOIR (CÔTE D'OR)
No nível das denominações Village, os vinhos têm um toque rústico e aromas com notas de cogumelos, vaso de barro e frutas ácidas. Vinhos Premier Cru e Grand Cru têm taninos moderados com aromas de cranberry seca, hibisco cristalizado, baunilha e rosa.

🍷 CRÉMANT DE BOURGOGNE
Uma denominação de espumantes que elabora exemplares brancos e rosés, sob o mesmo método de Champanhe. As denominações regionais oferecem excepcional qualidade a bom preço.

🍷 CHARDONNAY (CÔTE D'OR)
A região de Côte d'Or produz principalmente Chardonnays amadeirados, com aromas de maçã golden, creme de limão-siciliano, marmelo fresco, baunilha e avelã. Se quiser um Chardonnay de alta qualidade produzido nesse estilo, procure por aqueles de Côte de Beaune.

🍷 PINOT NOIR (OUTRAS REGIÕES)
A Côte Chalonnaise também produz um Pinot Noir com aroma de cravo e de frutas, como ameixas e boysenberries, além de um toque rústico e mineral de folhas secas e vaso de barro. Procure por vinhos de Givry e Mercurey.

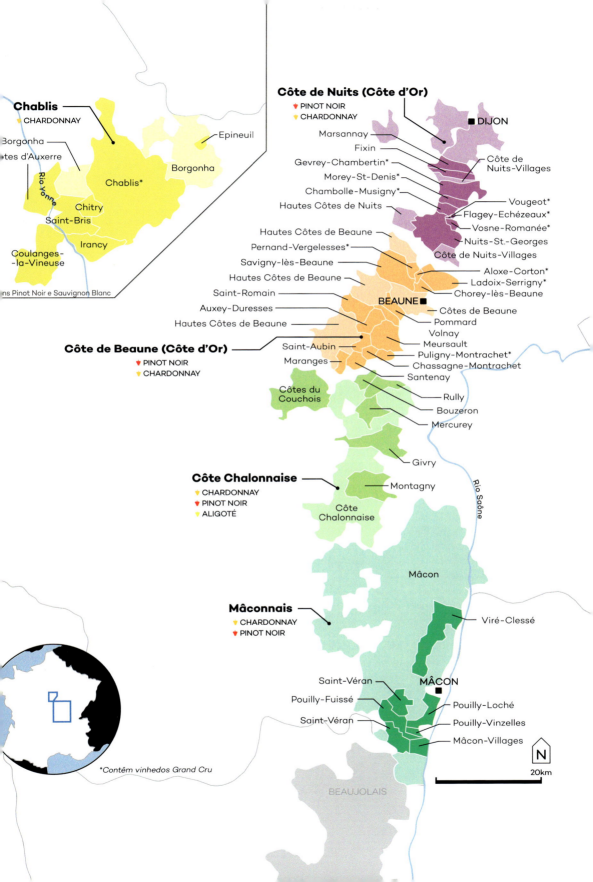

FRANÇA: VALE DO RHÔNE

O vale do Rhône é mais conhecido pelos blends tintos frutados e com notas de couro produzidos no sul da região e pelos saborosos e herbáceos Syrah produzidos no norte.

CLASSIFICAÇÃO DOS VINHOS RHÔNE

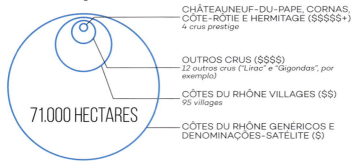

CHÂTEAUNEUF-DU-PAPE, CORNAS, CÔTE-RÔTIE E HERMITAGE ($$$$$+)
4 crus prestige

OUTROS CRUS ($$$$)
12 outros crus ("Lirac" e "Gigondas", por exemplo)

CÔTES DU RHÔNE VILLAGES ($$)
95 villages

CÔTES DU RHÔNE GENÉRICOS E DENOMINAÇÕES-SATÉLITE ($)

71.000 HECTARES

ENCONTRANDO QUALIDADE

As características de vinhos com valor acessível variam a cada ano, então fique atento à tendência da qualidade geral das safras. Você encontrará menor variação e maior capacidade de envelhecimento entre os produtores de melhor qualidade, sobretudo no norte do Rhône e nos crus.

 MELHORES SAFRAS:
2012, 2010, 2009, 2007, 2005, 2001, 2000

MELHORES VINHOS DO VALE DO RHÔNE

🍷 CÔTES DU RHÔNE TINTO
Alguns dos mais aclamados tintos do sul do Rhône têm maior proporção de Grenache nos blends. Mesmo podendo ser encorpados, esses vinhos raramente amadurecem em carvalho. Os aromas vão desde framboesas cristalizadas a couro e gordura de bacon.

🍷 CHÂTEAUNEUF-DU-PAPE
Um dos blends mais encorpados e dignos de guarda do sul do Rhône, é produzido com nada menos que 13 uvas. As variedades dominantes são Grenache, Syrah, Mourvèdre e Cinsault.

🍷 RHÔNE ROSE E TAVEL ROSÉ
Os rosés do Rhône irrompem em aromas de morangos silvestres e groselha. Os de Tavel têm uma coloração profunda e, reza a lenda, foram os favoritos do escritor Ernest Hemingway.

🍷 NORTE DO RHÔNE (SYRAH)
O local de nascimento da Syrah oferece vinhos ricos e densos que normalmente têm um traço aromático de carne, juntamente com intensas notas de cassis, alcaçuz, ameixa e azeitona. Os melhores vinhos podem envelhecer por 20 anos.

🍷 CÔTES DU RHÔNE BRANCO
A Marsanne e a Viognier são as principais uvas do Rhône branco. São vinhos muitas vezes cítricos com aromas de maçã, cera de abelha e minerais com notas de granito. O norte do Rhône produz os vinhos brancos mais encorpados, com notas de amêndoas, pêssego-branco e flor de laranjeira.

🍷 MUSCAT BEAUMES-DE--VENISE
Raro, o Muscat Blanc faz parte do que os franceses chamam de VDN ou "Vin doux naturel" [vinho doce natural] – um vinho de sobremesa fortificado, rico em aromas de orquídea, laranja cristalizada, mel e frutas tropicais.

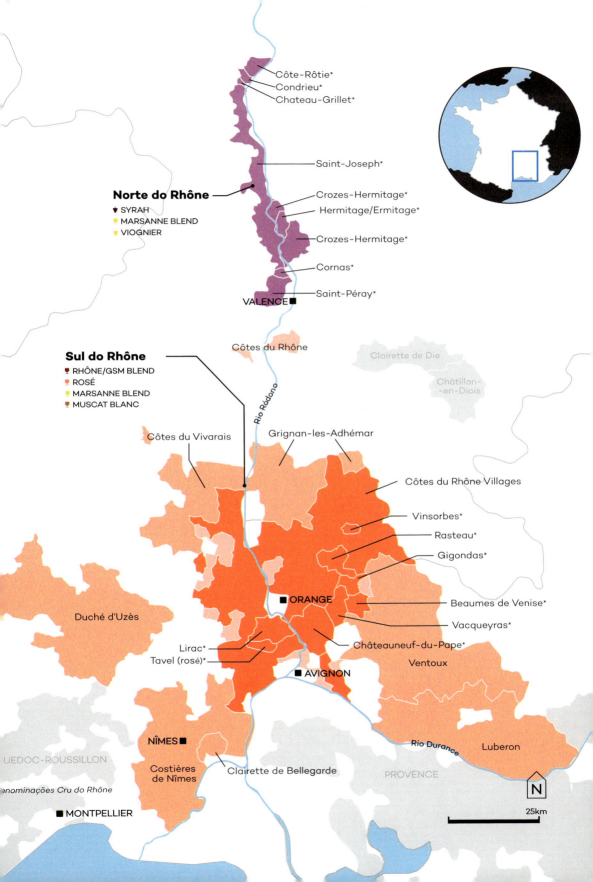

Itália

A Itália é conhecida por seus vinhos concentrados e rústicos. O país pode ser dividido em três áreas principais, cada uma com um clima diferente.

REGIÕES PRODUTORAS POR TAMANHO

625.700 HECTARES

- SICÍLIA
- PUGLIA
- VÊNETO
- TOSCANA
- EMILIA-ROMAGNA
- PIEMONTE
- ABRUZZO
- CAMPANIA
- LOMBARDIA
- FRIULI-VENEZIA GIULIA
- SARDENHA
- MARCHE
- LAZIO
- TRENTINO-ALTO ADIGE
- UMBRIA
- CALÁBRIA
- MOLISE
- BASILICATA
- LIGURIA
- VALLE D'AOSTA

NORTE

 CLIMA FRESCO

Os vinhos do norte da Itália têm maior acidez, aromas de frutas frescas e ervas.

PRODUÇÃO REGIONAL:
- PROSECCO
- MOSCATO D'ASTI
- PINOT GRIGIO
- SOAVE
- BARBERA
- VALPOLICELLA
- BAROLO (NEBBIOLO)

REGIÃO CENTRAL

 CLIMA MODERADO

Os vinhos da região central da Itália têm maior acidez, aromas de fruta madura, couro e barro.

PRODUÇÃO REGIONAL:
- LAMBRUSCO
- VERMENTINO
- CHIANTI (SANGIOVESE)
- SUPERTOSCANO (BORDEAUX BLEND)
- MONTEPULCIANO
- VIN SANTO

SUL/ILHAS

 CLIMA QUENTE

Os vinhos do sul da Itália têm acidez média, aromas doces de fruta e de couro.

PRODUÇÃO REGIONAL:
- VERMENTINO
- CANNONAU (GRENACHE)
- PRIMITIVO
- NEGROAMARO
- NERO D'AVOLA
- MARSALA

ITÁLIA: TOSCANA

É a região especializada na uva mais cultivada no país: Sangiovese. Os vinhos são picantes e herbáceos quando jovens e, à medida que envelhecem, desenvolvem notas de figo.

UVAS CULTIVADAS NA TOSCANA

60.000 HECTARES

- ◀ SANGIOVESE
- ◀ MERLOT, CABERNET SAUVIGNON, CABERNET FRANC E SYRAH
- ◀ CANAIOLO NERO
- ◀ VERMENTINO
- ◀ MALVASIA (usada no Vin Santo)
- ◀ CHARDONNAY
- ◀ OUTRAS

AMADURECIMENTO DO CHI.

- 2,5 ANOS: "GRAN SELEZIONE"
  Apenas para o Chianti Classico
- 2 ANOS: "RISERVA"
  Vinhos Riserva de todas as 8 sub- -regiões
- 1 ANO: CLASSICO, FIORENTINI, RUFINA
  Além das três acima, são rotulados como "Superiore" em outras subzonas
- 9 MESES: CHIANTI MONTESPERTOLI
- 6 MESES: CHIANTI
  Chianti, Ch. Colli Arentini, Ch. Colline Pisane, Ch. Colli Senesi e Ch. Montalbano.

MELHORES SAFRAS:
2010, 2009, 2006, 2004, 2001, 2000, 1999, 1997

MELHORES VINHOS SECOS DA TOSCANA

🍷 CHIANTI
Blend em que predomina a Sangiovese. Chianti envelhecidos têm aromas de cereja em conserva, orégano, pote de barro, redução de vinagre balsâmico, café expresso e sweet tobacco. Os Chianti de maior valor apresentam aromas picantes e herbáceos, com notas de caça, frutas vermelhas e tomate.

🍷 SUPERTOSCANOS (BLEND)
Nome popular de blends que incluem uvas não nativas, como Merlot e Cabernet Franc. É fácil diferenciá-los de outros vinhos da Toscana pois têm nomes próprios estampados nos rótulos.

🍷 BRUNELLO DI MONTALCINO
Vinho 100% Sangiovese com um clone regional chamado Prugnolo Gentile. O Brunello é envelhecido por mais de 4 anos. Tem aromas de alcaçuz, cedro, baunilha, figo e frutas vermelhas maduras, acompanhados por uma acidez picante e taninos moderados.

🍷 VERNACCIA DI SAN GIMIGNANO
Os vinhos Vernaccia "Fiore" são secos e minerais, com aromas de limão-siciliano, flor de macieira e pera. Já os vinhos "Tradizionale" são semelhantes, mas geralmente apresentam nota de amêndoa amarga.

🍷 OUTROS SANGIOVESE DA TOSCANA
Embora Chianti e Brunello sejam os vinhos de Sangiovese mais conhecidos da Toscana, há outras denominações regionais que elaboram grandes exemplares com essa uva:

CARMIGNANO
Blend com 10-20% de Cabernet Franc/Cabernet Sauvignon.

MONTECUCCO
Amadurece por 18 meses, ou 34 meses no caso do Riserva.

VINO NOBILE DI MONTEPULCIANO
Amadurece por 24 meses, ou 34 meses no caso do Riserva.

MORELLINO DI SCANSANO
Amadurece por 8 meses, ou 24 meses no caso do Riserva.

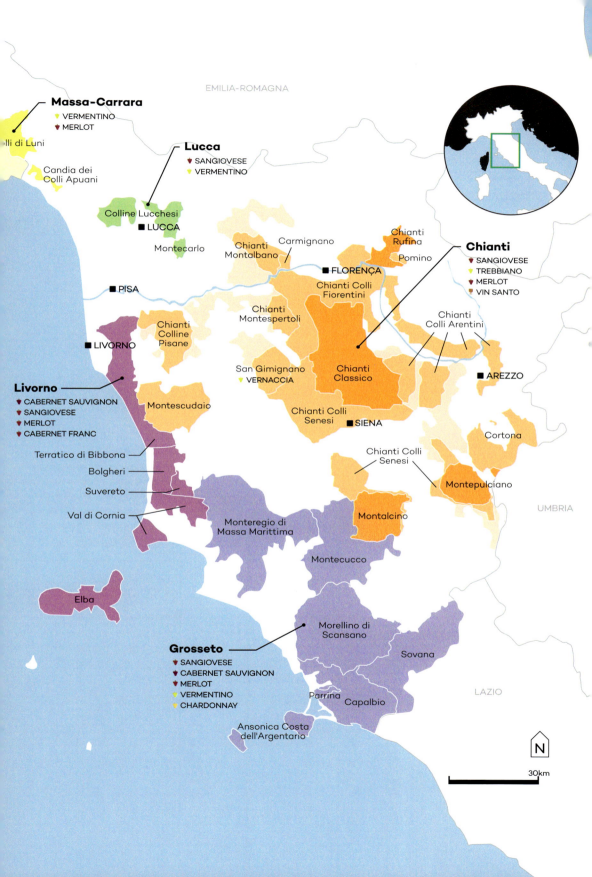

Nova Zelândia

A Nova Zelândia é uma região de clima fresco, mais conhecida por seu saboroso e intenso Sauvignon Blanc. Os vinhos da região em geral têm paladar ácido, elegante e com corpo leve.

REGIÕES PRODUTORAS POR TAMANHO

88.300 HECTARES

- ◀ MARLBOROUGH
- ◀ BAÍA DE HAWKE
- ◀ CENTRAL OTAGO
- ◀ GISBORNE
- ◀ CANTERBURY/WAIPARA VALLEY
- ◀ NELSON
- ◀ WAIRARAPA
- ◀ AUCKLAND
- ◀ WAIKATO/BAÍA DE PLENTY
- ◀ NORTHLAND

MELHORES VINHOS DA NOVA ZELÂNDIA

🍇 SAUVIGNON BLANC
O vinho mais importante da Nova Zelândia oferece uma explosão de aromas de groselheira, maracujá, limão, talo de tomate e toranja.
- MARLBOROUGH
- NELSON
- BAÍA DE HAWKE

🍇 PINOT NOIR
Os de Marlborough costumam oferecer aromas de frutas vermelhas frescas, enquanto Central Otago produz vinhos com aromas de framboesa madura.
- CENTRAL OTAGO
- WAIRARAPA
- MARLBOROUGH

🍇 CHARDONNAY
Apresenta aromas intensos de limão-siciliano e frutas tropicais, com acidez nítida e geralmente um toque de carvalho que acrescenta notas de caramelo queimado e baunilha.
- BAÍA DE HAWKE
- GISBORNE
- MARLBOROUGH

🍇 PINOT GRIS
Tanto o estilo seco quanto o meio seco têm notas de maçã, pera, madressilva e pão com especiarias.
- GISBORNE
- CANTERBURY/WAIPARA VALLEY
- NELSON

🍇 RIESLING
Os vinhos variam do extrasseco com notas de limão aos deliciosamente doces com aromas de damasco e mel.
- MARLBOROUGH
- CENTRAL OTAGO
- NELSON

🍷 BORDEAUX BLEND
Um estilo frutado, leve, com aromas suculentos de cereja-negra madura, café e mix de especiarias.
- BAÍA DE HAWKE
- NORTHLAND
- AUCKLAND

Portugal

Portugal é mais conhecido pelos vinhos do Porto, mas também produz excelentes vinhos secos com mais de duzentas uvas nativas.

224.000 HECTARES

REGIÕES PRODUTORAS POR TAMANHO

◂ VALE DO DOURO
◂ MINHO
◂ BEIRA INTERIOR
◂ LISBOA
◂ ALENTEJO
◂ DÃO
◂ TEJO/RIBATEJO
◂ SETÚBAL
◂ BEIRA ATLÂNTICO
◂ TERRAS DE CISTER
◂ ALGARVE
◂ TRANSMONTANO
◂ MADEIRA

OS MELHORES VINHOS SECOS DE PORTUGAL

❦ TOURIGA NACIONAL
Provavelmente a uva mais importante de Portugal, utilizada no vinho do Porto e em blends tintos secos. Seus vinhos oferecem aromas de ameixa-preta, amora-silvestre, menta e violeta.

❦ TEMPRANILLO
A Tempranillo é conhecida como "Aragonez" no sul e "Tinta Roriz" no norte de Portugal. Seus vinhos oferecem aromas defumados, de frutas vermelhas, canela e chocolate meio amargo.

└• TODO O TERRITÓRIO

❦ ALICANTE BOUSCHET
Uma uva rara, que tem casca e polpa tintas. Seus vinhos são encorpados e oferecem aromas de frutas negras e pimenta-do-reino, finalizando com suaves notas de tabaco.

┌• ALENTEJO
└• LISBOA

❦ TRINCADEIRA
Vinhos únicos com aromas amadeirados, notas de frutas vermelhas, churrasco, nogueira, calda de ameixa, passas, querosene e chocolate.

❦ ARINTO
Quando jovens, os vinhos são delicados e possuem aromas de albedo de frutas cítricas. À medida que envelhecem, desenvolvem sabores de limão, amêndoa e favo de mel. O Arinto às vezes é envelhecido em carvalho.

└• TODO O TERRITÓRIO

❦ FERNÃO PIRES
Um vinho aromático, com intensas notas florais. Algumas vezes essa uva compõe blends com a Viognier, para adicionar aromas mais refinados de pêssego e madressilva.

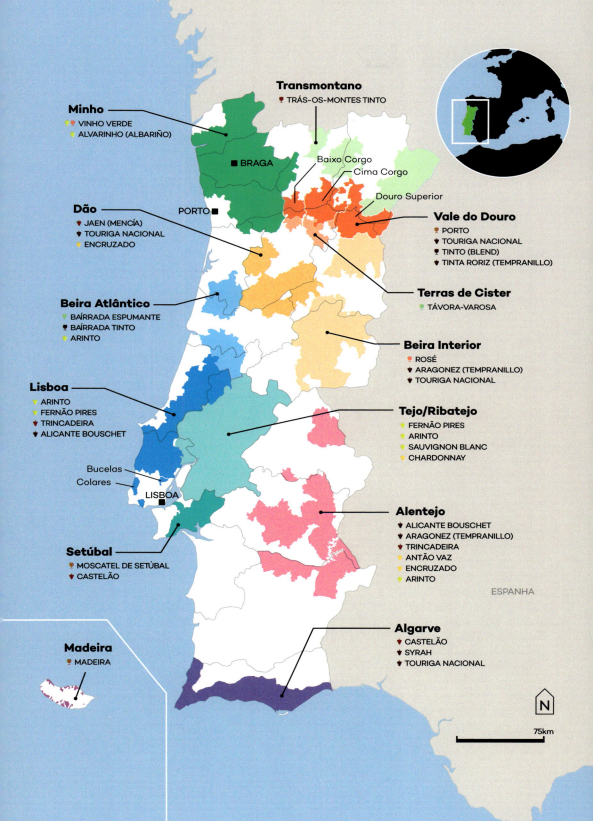

GLOSSÁRIO

⚗ Acetaldeído
Composto químico orgânico e tóxico produzido em nosso corpo, a fim de metabolizar o álcool etílico. É a causa da intoxicação alcoólica.

⚗ Acidez volátil (AV)
O ácido acético é o ácido volátil que transforma o vinho em vinagre. Em níveis baixos, aumenta a complexidade do sabor, e em níveis elevados estraga o vinho.

⚗ Acidificação
Processo para correção do vinho, comum em regiões de cultivo de clima moderado ou quente, em que se aumenta a acidez, adicionando-se ácido tartárico ou cítrico. A acidificação não é tão comum em países da Europa. É mais recorrente nos Estados Unidos, na Austrália e na Argentina.

⚗ Açúcar residual (AR)
É o açúcar natural das uvas que sobrou em um vinho após a fermentação. Alguns vinhos são fermentados completamente, tornando-se secos, e alguns têm a fermentação interrompida antes de todo o açúcar ser convertido em álcool, para criar um vinho doce. O açúcar residual varia de zero a cerca de 220 g/L (que torna o vinho viscoso e doce como xarope).

⚗ Adstringência
Sensação de ressecamento na boca, em geral causada por taninos que se ligam a proteínas salivares, levando-as a se separar da língua e da boca. Isso resulta em uma sensação áspera, como a de uma lixa.

⚗ Amadurecimento sobre as borras
Processo em que sedimentos, formados por partículas de leveduras mortas, são deixados no vinho após a fermentação.

⚗ Aminoácidos
Compostos orgânicos que são elementos constituintes das proteínas. O vinho tinto contém 300-1.300 mg/L, dos quais a prolina abarca quase 85%.

⚗ APV
Abreviatura de álcool por volume, representado em porcentagem nos rótulos (por exemplo, 13,5% Vol.).

⚗ Carvalho americano
O carvalho-branco (*Quercus alba*) cresce no leste dos Estados Unidos e é usado principalmente pela indústria do Bourbon. O carvalho americano é conhecido pela adição de aromas de coco, baunilha, cedro e endro. Uma vez que o carvalho americano costuma ter granulação mais grossa, tornou-se reputado por transmitir aromas mais robustos ao vinho.

⚗ Carvalho europeu
O carvalho-vermelho (*Quercus robur*) é originário principalmente da França e da Hungria. Dependendo de onde é cultivado, pode variar de granulação média a bem fina. O carvalho europeu é conhecido por adicionar aromas de baunilha, cravo, pimenta-da--jamaica e cedro.

⚗ Chaptalização
Processo de correção do vinho comum em climas frios, no qual o açúcar é adicionado ao mosto quando a doçura da uva não é suficiente para produzir o nível mínimo de álcool. A chaptalização é ilegal nos Estados Unidos, mas é comum em partes da França.

⚗ Clarificação/Colagem
Processo realizado após a fermentação no qual as proteínas e as células de levedura mortas são removidas. Para clarificar, adiciona-se uma proteína, como a caseína (extraída do leite), ou clara de ovo, ou ainda um agente "vegano" à base de argila, como bentonita ou caulim. Tais agentes clarificadores se ligam às partículas e as extraem do vinho, deixando-o claro.

⚗ Clone (UVA)
Uvas viníferas são clonadas conforme suas características benéficas, assim como outros produtos agrícolas.

Verbete: ♀ *de degustação* ⚇ *sobre regiões* ⬡ *de produção* ⚗ *científico* ♡ *sobre uvas*

Por exemplo, existem mais de mil clones registrados da variedade Pinot.

⚗ Compostos aromáticos

Compostos químicos com peso molecular muito baixo, o que torna possível que sejam transportados até as cavidades nasais. Os compostos aromáticos se formam a partir das uvas e da fermentação e são volatilizados pela evaporação do álcool.

⚗ Compostos de enxofre

Os compostos de enxofre afetam o aroma e o sabor do vinho. Em níveis baixos, oferecem aromas positivos de minerais ou frutas tropicais. Em níveis elevados, têm cheiro de ovo podre, alho, ou repolho estragado.

♀ Cru

Termo francês que significa "crescimento" e corresponde a uma área onde se cultivam vinhas de qualidade reconhecida.

⚇ Denominação

Localização geográfica legalmente definida usada para identificar onde as uvas de um vinho são cultivadas.

⚗ Diacetil

Composto orgânico encontrado no vinho que tem aroma de manteiga. O diacetil vem do envelhecimento em carvalho e da fermentação malolática.

⚗ Éster

Tipo de composto aromático presente no vinho criado a partir da reação entre o álcool e os ácidos.

⚗ Fenóis

Grupo de várias centenas de compostos químicos encontrados no vinho que afetam o sabor, a cor e o paladar. Os taninos são um tipo de fenol chamado polifenol.

⚇ Fermentação Malolática (FML)

A FML tecnicamente não é uma fermentação, mas uma conversão bacteriana de um tipo de ácido (málico) em outro tipo (láctico). A FML é comum em quase todos os vinhos tintos e em alguns vinhos brancos, como o Chardonnay. É responsável pela criação do diacetil.

⚗ Glicerol

Líquido inodoro, viscoso, incolor e com sabor adocicado que é subproduto da fermentação. Nos tintos há cerca de 4-10 g/L, e nos vinhos com podridão nobre há mais de 20 g/L. O glicerol tem sido considerado responsável por adicionar ao vinho um paladar agradável, oferecendo mais corpo e untuosidade. Contudo, estudos têm mostrado que outros fatores, como o nível

de álcool e o açúcar residual, têm um efeito maior sobre o paladar.

⬡ Grau brix (Símbolo °Bx)

Escala de densidade relativa de sacarose dissolvida em sumo de uvas. É utilizada para determinar o potencial nível de álcool que o vinho poderá ter. O valor APV corresponde a cerca de 55-64% da graduação Brix. Por exemplo, 27°Bx irá resultar em um vinho seco, com 14,9-17,3% APV.

⬡ Maceração carbônica

Método de produção no qual uvas não esmagadas são colocadas em um tanque selado e cobertas com dióxido de carbono. Vinhos elaborados sem presença de oxigênio têm taninos suaves e cores vivas, com aromas de frutas suculentas e fortes notas de fermento. A prática é comum nos vinhos de Beaujolais mais básicos.

♀ Meio seco

Termo para descrever vinhos ligeiramente doces.

♀ Mineralidade

A mineralidade não é entendida como a presença de minerais no vinho, mas como a provável presença de compostos de enxofre, os quais às vezes sugerem aromas de giz, sílex ou cascalho.

O GUIA ESSENCIAL DO VINHO 🗐 WINE FOLLY

Verbete: 🍷 *de degustação* 🕭 *sobre regiões* 🛢 *de produção* ⚗ *científico* ♥ *sobre uvas*

♥ Mosto
Suco de uva recém-prensada, que ainda contém sementes, caules e cascas das uvas.

🍷 Oxidação
Quando o vinho é exposto a muito oxigênio, ocorre uma cadeia de reações químicas que altera os compostos na bebida. Uma das mudanças óbvias é o maior nível de acetaldeído, que adiciona aos vinhos brancos aroma de maçãs amassadas e nos tintos aroma artificial de framboesa e de acetona. A oxidação é o oposto da redução.

🍷 pH
Escala que expressa a acidez ou a alcalinidade de uma substância. É numerada de 1 e 14, na qual 7 é neutro, abaixo de 7 é ácido e acima de 7 é alcalino. A faixa média de pH para o vinho vai de 2,5 a 4,5, e um vinho com pH 3 é 10 vezes mais ácido do que um vinho com pH 4.

🍷 Podridão nobre
A podridão nobre é uma infecção causada pelo fungo *Botrytis cinerea*, comum em áreas com muita umidade. É considerada um problema em uvas e vinhos tintos, mas é apreciada em uvas brancas, por tornar os vinhos mais doces e acrescentar aromas de mel, gengibre, marmelada e camomila.

🍷 Redução
Quando o vinho não recebe ar suficiente na fermentação, a levedura vai substituir a sua necessidade de nitrogênio por meio dos aminoácidos (encontrado nas uvas). Isso cria compostos de enxofre que podem ter cheiro de ovo podre, alho, fósforo queimado, repolho podre, ou às vezes traços positivos, como o maracujá ou sílex molhado. A redução não é causada pelos "sulfitos" que foram adicionados ao vinho.

🍷 Sulfito
Sulfito, ou SO_2, é um conservante que ou é adicionado ao vinho ou às uvas antes da fermentação. Sua concentração nos vinhos varia desde mais ou menos 10 ppm (partes por milhão) até 350 ppm — o limite legal nos Estados Unidos e no Brasil. Comparativamente, um pedaço de bacon contém quase o dobro desse valor e uma porção de batata frita contém cerca de 2.000 ppm de SO_2.

🍷 Terroir
É originalmente uma palavra francesa usada para descrever como o clima de uma determinada região, os solos, os aspectos do terreno e as práticas tradicionais de vinificação afetam os sabores do vinho.

🍷 Tipicidade
Característica de um vinho que é típico de uma região ou de um estilo particular.

⚗ Vanilina
O extrato primário da fava de baunilha, também encontrado no carvalho.

🍷 Vinho fortificado
Vinho conservado por meio da adição de álcool, geralmente produzido de uva de sabor neutro. Por exemplo, cerca de 30% do vinho do Porto é aguardente vínica, o que eleva o APV para 20%.

🍷 Vinificação
A criação de vinho por fermentação do sumo de uva.

ÍNDICE

abertura de vinhos tranquilos e espumantes, 36

acidez. *Veja também* vinhos de acidez alta; vinhos de acidez baixa; vinhos de acidez moderada

acidez volátil, 228

acidificação, processo aditivo, 228

em vinhos de matiz vermelho *versus* o de vermelho--violeta, 25

faixa de, 20

percepção de doçura e, 19

açúcar residual (AR), 19, 228

adstringência, 20, 228

aeração e decânter, 37

África do Sul

Cabernet Sauvignon, 146-47

Chardonnay, 82-83

Chenin Blanc, 92-93

Pinotage, 160-61

regiões, 188-89

Sémillion, 86-87

Shiraz (Syrah), 162-63

Aglianico, 142-43

Albariño, 66-67

Alemanha

Pinot Gris, 72-73

Pinot Noir, 110-111

regiões, 190-91

Riesling, 98-99

Alvarinho (Albariño), 66-67

amadurecimento/envelhecimento

aromas desenvolvidos durante, 26

do vinho do Porto, 175

em barris de carvalho, 20, 25, 228

processo de *solera*, 179

temperatura e adegas para, 39

Amarone (Valpolicella Blend), 136-37

aparência do vinho, ao avaliar, 24

Argentina

Cabernet Sauvignon, 146-47

Malbec, 148-49

Pinot Noir, 110-111

regiões, 192-93

Syrah, 162-63

Torrontés, 100-101

armazenamento e envelhecimento, 39

aroma

compostos aromáticos, 229

para avaliar, 26-27

primários, secundários e terciários (aromas), 26

taças e, 26, 34

teor alcoólico e, 21

Austrália

Cabernet Sauvignon, 146-47

Chardonnay, 82-83

Merlot, 126-27

Pinot Noir, 110-111

regiões, 194-97

Riesling, 98-99

Sauvignon Blanc, 74-75

Sémillion, 86-87

Shiraz (Syrah), 162-63

Áustria

Grüner Veltliner, 68-69

regiões, 198-99

Barbaresco (Nebbiolo), 152-53

Barbera, 114-115

Barolo (Nebbiolo), 152-53

barricas

amadurecimento em *solera*, 179

aromas transmitidos pelo carvalho, 228

cor transmitida pelo carvalho, 25

taninos de carvalho novo, 20

Beaujolais (Gamay), 108-109

Bierzo (Mencía), 124-25

Bordeaux Blend, 144-45

Bouchet (Cabernet Franc), 116-117

Bourgueil (Cabernet Franc), 116-117

Breton (Cabernet Franc), 116-117

Brunello (Sangiovese), 134-35

Cabernet Franc, 116-117

Cabernet-Merlot (Bordeaux Blend), 144-45

Cabernet Sauvignon, 146-47

Calabrese (Nero d'Avola), 154-55

Califórnia, vinhos da. *Veja sob* Estados Unidos

calorias, 13, 15, 19

Carignan, 118-119

Carignano (Carignan), 118-119

Cariñena (Carignan), 118-119

Carménère, 120-21

Cava, 56-57

Cencibel (Tempranillo), 164-65

Champagne, 58-59

231

O GUIA ESSENCIAL DO VINHO ☰ **WINE FOLLY**

Chardonnay, 82-83

"Charmat", método de produção de vinho espumante
características, 54-55
Lambrusco, 60-61
Prosecco, 62-63

Châteauneuf-du-Pape Blanc (Marsanne Blend), 84-85

cheiro de enxofre, 37, 229

Chenin Blanc, 92-93

Chianti (Sangiovese), 134-35

Chiavennasca (Nebbiolo), 152-53

Chile
Bordeaux Blend, 144-45
Cabernet Franc, 116-117
Cabernet Sauvignon, 146-47
Cariñena (Carignan), 118-119
Carménère, 120-21
Chardonnay, 82-83
Petit Verdot, 156-57
Pinot Noir, 110-111
regiões, 200-01
Sauvignon Blanc, 74-75
Syrah, 162-63

Chinon (Cabernet Franc), 116-117

clima. *Veja* região e clima

cor e tonalidade, 24, 25

corpo, 21. *Veja também* vinhos encorpados; vinhos de corpo leve; vinhos tintos de corpo médio

Côt (Malbec), 148-49

Côtes du Rhône Blanc (Marsanne Blend), 84-85

Côtes du Rhône (Rhône/GSM Blend), 132-33

danos
causados pela luz, 27
causados pelo calor, 27
causados por radiação ultravioleta, 27

degustação
às cegas, 30
avaliação de aparência e cor, 24-25
avaliação de aromas, 26-27
características a considerar, 23
conclusão e anotações, 30-31
identificando perfis de gostos e aromas, 28
sensibilidade da língua, 29

defeitos, 27

Durif (Petite Sirah), 158-59

efeito Marangoni, 24

eiswein. *Veja* ice wine (vinho de gelo)

Espanha
Albariño, 66-67
Carignan, 118-19
Cava, 56-57
Garnacha (Grenache), 122-23
Mencía, 124-25
Monastrell (Mourvèdre), 150-51
Priorat (GSM Mistura), 132-33
regiões, 202-203
Ribera del Duero; Rioja (Tempranillo), 164-65

Xerez, 180-81

espumantes
Cava, 56-57
Champagne, 58-59
como abrir, 36
harmonização com, 41-47
Lambrusco, 60-61
métodos de produção, 54-55
níveis de doçura e calorias, 19
Prosecco, 62-63

Estados Unidos
Califórnia, 208-09
Cabernet Sauvignon, 146-47
Chardonnay, 82-83
Merlot, 126-27
Muscat de Alexandria (Muscat Blanc), 96-97
Petite Sirah, 158-59
Pinot Noir, 110-11
Syrah, 162-63
Zinfandel, 138-39
Noroeste, 210-11
Bordeaux Blend, 144-45
Chardonnay, 82-83
Pinot Gris, 72-73
Pinot Noir, 110-11
Riesling, 98-99
Syrah, 162-63
regiões, 204-07

estilos
guia para detalhes, 52-53
vinho rosé, 102-05
vinhos brancos aromáticos, 90-101
vinhos brancos de corpo leve, 64-79

232

vinhos brancos encorpados, 80-89

vinhos de sobremesa, 168-81

vinhos espumantes, 54-63

vinhos tintos de corpo leve, 106-111

vinhos tintos de médio corpo, 112-39

vinhos tintos encorpados, 140-67

Favorita (Vermentino), 78-79

França
    região da Borgonha, 216-17
        Chardonnay, 82-83
        Pinot Noir, 110-111
    região de Bordeaux, 214-15
        Bordeaux Blend, 144-45
        rosé, 102-05
        Sauternes, 176-77
    regiões, 212-13
    vale do Rhône, 218-19
        Châteauneuf-du-Pape Blanc (Marsanne Blend), 84-85
        Côtes du Rhône (Rhône/GSM Blend), 132-33
        Muscat Blanc à petit Grains (Muscat Blanc), 96-97
        rosé, 102-05
        Syrah, 162-63

Fumé Blanc (Sauvignon Blanc), 74-75

Gamay (Gamay Noir), 108-09

Garganega (Soave), 76-77

Garnacha (Grenache), 122-23

garrafas
    em doses, 13
    para abrir, 26
    para armazenar, 39
    rótulos, 17
    tamanhos e nomes, 16

gás em vinhos tranquilos, 27

Gewürztraminer, 94-95

glossário de termos, 228-30

Grauburgunder (Pinot Gris), 72-73

Grenache, 122-23

Grenache-Syrah-Mourvèdre Blend (Rhône), 132-33

Grüner Veltliner, 68-69

GSM Blend (Rhône), 132-33

harmonização
    com carne e frutos do mar, 41, 45
    com ervas e especiarias, 47
    com frutos do mar, 41, 45
    com legumes e verduras, 41, 46
    com queijo, 41, 44

ice wine (vinho de gelo), 169

intensidade, 21

Itália
    regiões, 220-21
        Toscana, 222-223
        Brunello; Chianti (Sangiovese), 134-35

Jaen (Mencía), 124-25

"Lágrimas", 24

Lambrusco, 60-61

Madeira, 170-71

Malbec, 148-49

Marsala, 172-73

Marsanne Blend, 84-85

Mataro (Mourvèdre), 150-51

Mazuelo (Carignan), 118-19

Melon de Bourgogne (Muscadet), 70-71

Mencía, 124-25

Meritage (Bordeaux Blend), 144-45

Merlot, 126-27

método tradicional (champenoise) de produção de espumante características, 54, 55
    Cava, 56-57
    Champagne, 58-59

Monastrell (Mourvèdre), 150-51

Montepulciano, 128-29

Morellino (Sangiovese), 134-35

Moscatel (Muscat Blanc), 96-97

Moscato d'Asti (Muscat Blanc), 96-97

Mourvèdre, 150-51

Muscadet, 70-71

Muscat Blanc, 96-97

Muscat Blanc à petit Grains (Muscat Blanc), 96-97

Muscat Canelli (Muscat Blanc), 96-97

Muskateller (Muscat Blanc), 96-97

Nebbiolo, 152-53

Negroamaro, 130-31

O GUIA ESSENCIAL DO VINHO | WINE FOLLY

Nero d'Avola, 154-55
Nielluccio (Sangiovese), 124-25
níveis de doçura, 19. *Veja também* vinhos doces; vinhos meio secos; vinhos secos
notas de degustação, 31
Nova Zelândia
    Bordeaux Blend, 144-45
    Chardonnay, 82-83
    Pinot Gris, 72-73
    Pinot Noir, 110-11
    regiões, 224-25
    Riesling, 98-99
    Sauvignon Blanc, 74-75

olhando para o vinho, 24

países produtores de vinho
    África do Sul, 188-189
    Alemanha, 190-91
    Argentina, 192-93
    Austrália, 194-97
    Áustria, 198-99
    Chile, 200-01
    Espanha, 202-203
    Estados Unidos, 204-11
    França, 212-19
    Itália, 220-23
    Nova Zelândia, 224-25
    Portugal, 226-27
    produtores mundiais, 186
paladar e preferências de gosto, 29
"pernas", 24
Petit Verdot, 156-57
Petite Sirah (Petite Syrah), 158-59

Pigato (Vermentino), 78-79
Pineau (Chenin Blanc), 92-93
Pinot Grigio (Pinot Gris), 72-73
Pinot Gris, 72-73
Pinot Noir, 110-11
Pinotage, 160-61
Portugal
    Madeira, 170-71
    regiões, 226-27
    Tempranillo, 164-65
    Touriga Nacional, 166-67
Primitivo (Zinfandel), 138-39
Prosecco, 62-63

redução, 27, 230
região e clima. *Veja também* países produtores de vinho
    efeitos sobre o sabor, 14
    meses de colheita da uva, 14
    rotulagem por denominação, 17, 229
    terroir, 230
    zonas de cultivo de clima temperado, 14, 187
Rhône/Grenache-Syrah-Mourvèdre Blend, 132-33
Ribeira Sacra (Mencía), 124-25
Ribera del Duero (Tempranillo), 164-65
Riesling, 98-99
Rioja (Tempranillo), 164-65
Rolle (Vermentino), 78-79
rosado / Rosato (rosé), 102-05
rótulos, 17

safra, 14
Sangiovese, 134-35
Sauternes, 176-77

Sauvignon Blanc, 74-75
Sémillion, 86-87
serviço do vinho
    aeração, 37
    como abrir garrafas, 36
    dose-padrão, 13, 15
    taças, 33-35
    temperatura, 38
Shiraz (Syrah), 162-63
Soave, 76-77
Spanna (Nebbiolo), 152-53
Spätburgunder (Pinot Noir), 110-11
Steen (Chenin Blanc), 92-93
sulfitos, 16, 230
Syrah, 162-63

taças, 33-35
taninos, 20. *Veja também* vinhos de taninos baixos; vinhos de taninos elevados; vinhos de taninos moderados
Taurasi (Aglianico), 142-43
temperatura
    para armazenamento e envelhecimento, 39
    para servir, 38
Tempranillo, 164-65
teor de álcool. *Ver também* vinhos de teor alcoólico alto; vinhos de teor alcoólico baixo; vinhos de teor alcoólico moderado
    aroma e, 21
    calorias e, 13, 15
    de vinho fortificado, 230
    grau Brix, 229

234

"lágrimas" e, 24

porcentagens, APV, 21, 228

sensação na garganta, 21

Tinta de Toro (Tempranillo), 164-65

Tinta Roriz (Tempranillo), 164-65

Torrontés, 100-01

Touriga Nacional, 166-67

Tribidrag (Zinfandel), 138-39

uvas

zonas de cultivo, 14, 187

aromas primários, 26

uvas viníferas *versus* uvas de mesa, 14

Valdobbiadene (Prosecco), 62-63

Valpolicella Blend, 136-37

Vermentino, 78-79

vin gris (rosé), 102-05

Vin Santo, 178-79

vinho

aeração, 37

armazenamento e envelhecimento, 39

calorias, 13, 15, 19

características básicas, 18-21

componentes, 13, 15

produção mundial, 186

rótulos, 17

tamanhos de garrafa e nomes, 16

terminologia, 14, 228-30

vinho botritizado (podridão nobre)

sobre, 169, 230

Sauternes, 176-77

vinho *bouchonné*, 27

vinho de colheita tardia, 169

vinho de uvas secas (passito), sobre, 169

Vin Santo, 178-79

vinho do Porto, 174-75

vinho oxidado, 27, 230

vinho "quente", (teor alcoólico elevado), 21

vinho rosé

sobre, 103-05

harmonização com, 41-47

vinhos brancos

aromáticos

Chenin Blanc, 92-93

etapas de produção, 91

Gewürztraminer, 94-95

Muscat Blanc, 96-97

Riesling, 98-99

Torrontés, 100-01

cor, 25

encorpados

Chardonnay, 82-83

etapas de produção, 81

Marsanne Blend, 84-85

Sémillion, 86-87

Viognier, 88-89

harmonização com, 41-47

leves

Albariño, 66-67

etapas de produção, 65

Grüner Veltliner, 68-69

Muscadet, 70-71

Pinot Gris, 72-73

Sauvignon Blanc, 74-75

Soave, 76-77

Vermentino, 78-79

vinhos de acidez alta,

Aglianico, 142-43

Albariño, 66-67

Barbera, 114-15

Cabernet Franc, 116-17

Carignan, 118-19

Cava, 56-57

Champagne, 58-59

Chenin Blanc, 92-93

Gamay, 108-09

Grüner Veltliner, 68-69

Lambrusco, 60-61

Madeira, 170-71

Mencía, 124-25

Montepulciano, 128-29

Mourvèdre, 150-51

Muscadet, 70-71

Muscat Blanc, 96-97

Nebbiolo, 152-53

Nero d'Avola, 154-55

Petit Verdot, 156-57

Pinot Noir, 110-11

Prosecco, 62-63

Rhône / Grenache-Syrah- -Mourvèdre Blend, 132-33

Riesling, 98-99

Sangiovese, 134-35

Sauternes, 176-77

Sauvignon Blanc, 74-75

Soave, 76-77

Syrah, 162-63

Tempranillo, 164-65

Touriga Nacional, 166-67

Valpolicella Blend, 136-37

Vermentino, 78-79

Vin Santo, 178-79

Xerez, 180-81

vinhos de acidez baixa,

O GUIA ESSENCIAL DO VINHO ☰ WINE FOLLY

Gewürztraminer, 94-95

Marsanne Blend, 84-85

Pinotage, 160-61

Riesling, 98-99

Viognier, 88-89

Zinfandel, 138-39

vinhos de acidez moderada

Bordeaux Blend, 144-45

Cabernet Sauvignon, 146-47

Carménère, 120-21

Chardonnay, 82-83

Grenache, 122-23

Malbec, 148-49

Marsala, 172-73

Merlot, 126-27

Negroamaro, 130-31

Petite Sirah, 158-59

Pinot Gris, 72-73

rosé, 102-05

Sémillion, 86-87

Torrontés, 100-01

vinho do Porto, 174-75

vinhos de corpo leve

brancos

Albariño, 66-67

etapas de produção, 65

Grüner Veltliner, 68-69

Muscadet, 70-71

Pinot Gris, 72-73

Sauvignon Blanc, 74-75

Soave, 76-77

Vermentino, 78-79

harmonização com, 41-47

tintos

etapas de produção, 107

Gamay, 108-09

Pinot Noir, 110-111

vinhos de médio corpo

Barbera, 114-15

Cabernet Franc, 116-17

Carignan, 118-19

Carménère, 120-21

etapas de produção, 113

Grenache, 22-23

harmonização com, 41-47

Mencía, 124-25

Merlot, 126-27

Montepulciano, 128-29

Negroamaro, 130-31

Rhône/Grenache-Syrah-
-Mourvèdre Blend, 132-33

Sangiovese, 134-35

Valpolicella Blend, 136-37

Zinfandel, 138-39

vinhos de sobremesa

harmonização com, 41-47

Madeira, 170-71

Marsala, 172-73

Sauternes, 176-77

tipos, 159

vinho do Porto, 174-75

Vin Santo, 178-79

Xerez, 180-81

vinhos de taninos baixos

Barbera, 114-115

Gamay, 108-09

Pinot Noir, 110-11

Valpolicella Blend, 136-37

vinhos de taninos elevados

Aglianico, 142-43

Bordeaux Blend, 144-45

Cabernet Franc, 116-17

Cabernet Sauvignon, 146-47

Mencía, 124-25

Merlot, 126-27

Montepulciano, 128-29

Mourvèdre, 150-51

Nebbiolo, 152-53

Nero d'Avola, 154-55

Petit Verdot, 156-57

Petite Sirah, 158-59

Pinotage, 160-61

vinho do Porto, 174-75

Rhône / Grenache-Syrah-
-Mourvèdre Blend, 132-33

Sangiovese, 134-35

Tempranillo, 164-65

Touriga Nacional, 166-67

vinhos de taninos moderados

Carignan, 118-119

Carménère, 120-21

Grenache, 122-23

Malbec, 148-49

Negroamaro, 130-31

Syrah, 162-63

Zinfandel, 138-39

vinhos de teor alcoólico alto

Aglianico, 142-43

Barbera, 114-15

Bordeaux Blend, 144-45

Cabernet Sauvignon, 146-
47

Carignan, 118-19

Chardonnay, 82-83

Gewürztraminer, 94-95

Grenache, 122-23

Madeira, 170-71

Malbec, 148-49

Marsala, 172-73

Marsanne Blend, 84-85

Mencía, 124-25

Merlot, 126-27

Mourvèdre, 150-51

Nebbiolo, 152-53

Nero d'Avola, 154-55
Petit Verdot, 156-57
Petite Sirah, 158-59
Pinotage, 160-61
Rhône / Grenache-Syrah-
-Mourvèdre Blend, 132-33
Sangiovese, 134-35
Syrah, 162-63
Tempranillo, 164-65
Touriga Nacional, 166-67
Vin Santo, 178-79
vinho do Porto, 174-75
Viognier, 88-89
Xerez, 180-81
Zinfandel, 138-39
vinhos de teor alcoólico baixo
Cava, 56-57
Champagne, 58-59
Gamay, 108-09
Lambrusco, 60-61
Muscadet, 70-71
Muscat Blanc, 96-97
vinhos de teor alcoólico
moderado
Albariño, 66-67
Cabernet Franc, 116-117
Carignan, 118-119
Carménère, 120-21
Chenin Blanc, 92-93
Grüner Veltliner, 68-69
Montepulciano, 128-29
Negroamaro, 130-31
Pinot Gris, 72-73
Pinot Noir, 110-11
Prosecco, 62-63
Rosé, 102-05
Sauternes, 176-77
Sauvignon Blanc, 74-75

Sémillion, 86-87
Soave, 76-77
Torrontés, 100-01
Valpolicella Blend, 136-37
Vermentino, 78-79
vinhos doces
estilos doces de Xerez, 181
Madeira, 170-71
Marsala, 172-73
Muscat Blanc, 96-97
Sauternes, 176-77
Vin Santo, 178-79
vinhos encorpados
brancos
Chardonnay, 82-83
etapas de produção, 81
Marsanne Blend, 84-85
Sémillion, 86-87
Viognier, 88-89
harmonização com, 41-47
tintos
Aglianico, 142-43
Bordeaux Blend, 144-45
Cabernet Sauvignon,
146-47
etapas de produção, 141
Malbec, 148-49
Mourvèdre, 150-51
Nebbiolo, 152-53
Nero d'Avola, 154-55
Petit Verdot, 156-57
Petite Sirah, 158-59
Pinotage, 160-61
Syrah, 162-63
Tempranillo, 164-65
Touriga Nacional, 166-67
vinhos fortificados
Madeira, 170-71

Marsala, 172-73
processo de fortificação,
169, 230
vinho do Porto, 174-75
Xerez, 180-81
vinhos frutados
Albariño, 66-67
Barbera, 114-115
Bordeaux Blend, 144-45
Cabernet Sauvignon, 146-
47
Carignan, 118-119
Carménère, 120-21
Chardonnay, 82-83
Gewürztraminer, 94-95
Grenache, 122-23
Grüner Veltliner, 68-69
Lambrusco, 60-61
Malbec, 148-49
Merlot, 126-27
Mourvèdre, 150-51
Muscat Blanc, 96-97
Negroamaro, 130-31
Nero d'Avola, 154-55
Petit Verdot, 156-57
Petite Sirah, 158-59
Pinot Noir, 110-111
Pinotage, 160-61
Prosecco, 62-63
Rhône/Grenache-Syrah-
-Mourvèdre Blend, 132-33
Riesling, 98-99
rosé, 102-05
Sauternes, 176-77
Sauvignon Blanc, 74-75
Syrah, 162-63
Torrontés, 100-01
Touriga Nacional, 166-67

vinho do Porto, 174-75

Viognier, 88-89

Zinfandel, 138-39

vinhos meio secos

Chenin Blanc, 92-93

Gewürztraminer, 94-95

Lambrusco, 60-61

Riesling, 98-99

Viognier, 88-89

Xerez, 180-81

vinhos secos. *Veja também*

vinhos meio secos; vinhos

doces

Albariño, 66-67

Cava, 56-57

Champagne, 58-59

Chardonnay, 82-83

estilos secos de Xerez, 181

Grüner Veltliner, 68-69

Marsala seco para cozinhar,

173

Marsanne Blend, 84-85

Muscadet, 70-71

Pinot Gris, 72-73

Prosecco, 62-63

rosé, 102-105

Sauvignon Blanc, 74-75

Semillion, 86-87

Soave, 76-77

Vermentino, 78-79

vinhos tintos

cor, 25

encorpados

Aglianico, 142-43

Bordeaux Blend, 144-45

Cabernet Sauvignon,

146-47

etapas de produção, 141

Malbec, 148-49

Mourvèdre, 150-51

Nebbiolo, 152-53

Nero d'Avola, 154-55

Petit Verdot, 156-57

Petite Sirah, 158-59

Pinotage, 160-61

Syrah, 162-63

Tempranillo, 164-65

Touriga Nacional, 166-67

harmonização com, 41-47

leves

etapas de produção, 97

Gamay, 108-09

Pinot Noir, 110-11

médio corpo

Barbera, 114-15

Cabernet Franc, 116-17

Carignan, 118-19

Carménère, 120-21

etapas de produção, 113

Grenache, 122-23

Mencía, 124-25

Merlot, 126-27

Montepulciano, 128-29

Negroamaro, 130-31

Rhône / Grenache-Syrah-

-Mourvèdre Blend,

132-33

Sangiovese, 134-35

Valpolicella Blend, 136-37

Zinfandel, 138-39

vinificação

aromas desenvolvidos

durante, 26

glossário de termos, 228-30

métodos de produção de

espumante, 54-55

rosé, 103

vinhos brancos aromáticos,

91

vinhos brancos de corpo

leve, 65

vinhos brancos encorpados,

81

vinhos tintos de corpo leve,

107

vinhos tintos de médio corpo,

113

vinhos tintos encorpados,

141

Viognier, 88-89

viscosidade, 24

Vourvray (Chenin Blanc), 92-93

Xerez, 180-81

Zinfandel, 138-39

📋 Referências

Ahn, Y., Ahnert, S. E., Bagrow, J. P., Barabási, A., "Flavor network and the principles of food pairing" *Scientific Reports*. 15 Dez. 2011. 20 Oct. 2014. <http://www.nature.com/srep/2011/111215/srep00196/full/srep00196.html>.

Anderson, Kym. *What Winegrape Varieties are Grown Where? A Global Empirical Picture*. Adelaide: University Press. 2013.

Klepper, Maurits de. "Food Pairing Theory: A European Fad." Gastronomica: *The Journal of Critical Food Studies*. Vol. 11, No. 4 Inverno de 2011: pp. 55-58.

Lipchock, S V., Mennella, J.A., Spielman, A.I., Reed, D.R. "Human Bitter Perception Correlates with Bitter Receptor Messenger RNA Expression in Taste Cells 1,2,3." *Am. Jour. of Clin. Nutrition*. Out. 2013: pp. 1136–1143.

Pandell, Alexander J. "How Temperature Affects the Aging of Wine" *The Alchemist's Wine Perspective*. 2011. 1 Nov. 2014. <http://www.wineperspective.com/STORAGE%20 TEMPERATURE%20&%20 AGING.htm>.

"pH Values of Food Products." *Food Eng*. 34(3): pp. 98-99.

"Table 3: World Wine Production by Country: 2009-2012 and %Change 2012/2009" The Wine Institute. 2014. 3 Mar. 2015. <http://www.wineinstitute.org/files/2012_Wine_Production_by_Country_cCalifornia_Wine_Institute.pdf>.

🤍 Agradecimentos

🙋 Kym Anderson
Diretor da Wine Economics, Universidade de Adelaide

🙋 Andrew L. Waterhouse
Professor de enologia, Universidade da Califórnia em Davis

🙋 Luke Wohlers
Sommelier

🙋 Tony Polzer
Especialista italiano

🙋 Geoff Kruth
Mestre sommelier

🙋 Beth Hickey
Sommelier

🙋 Rina Bussell
Sommelier

🙋 Sam Keirsey
Vinicultor de Washington

🙋 Cristian Ridolfi
Vinicultor italiano

👥 Jeffrey e Sandy

👥 Margaret e Bob

🙋 Chad Wasser
Crítico

🏛 Universidade de Adelaide

🏛 Universidade da Califórnia em Davis

1ª edição	OUTUBRO DE 2016
reimpressão	JANEIRO DE 2025
impressão	LIS GRÁFICA
papel de miolo	COUCHÉ FOSCO $115G/M^2$
papel de capa	CARTÃO SUPREMO ALTA ALVURA $250G/M^2$
tipografia	CAMPTON E BEBAS